天誅組

—その道を巡る—

舟久保　藍

序章

幕末動乱のはじまり

慶長八年（一六〇三）に、徳川家康が江戸幕府をひらいてから二五〇年。その間、安定的な政権と国づくりが維持されてきたが、十七世紀（一六〇一〜一七〇〇）末頃になると、幕府、諸藩は財政難に陥り、人々の不満が高まり始める。朝廷や、有力外様大名が表舞台へ出るようになると、時代は変革へと動き出していく。そして、旧態依然とした幕府の崩壊のきっかけとなったのが、嘉永六年（一八五三）のペリー来航であった。

開国派と攘夷派

開国と貿易を求める欧米諸外国に対し、国内では、朝廷、幕府、各藩で、意見が分かれて対立していく。これまでの鎖国政策を放棄し、開港して外国人の国内居留や自由貿易を容認するのか、外国を打ち払うのか。幕府に従う佐幕派、王政復古を目指す尊王攘夷派と、大きく分けて二派が対立し、武士身分に関係なく、国の行く末を憂える志士たちが、立ちあがった。彼らは、故郷をすて、家族をすて、幕府を倒し新しい世の中をつくることに、命をかけた。

諸外国との修好通商条約は、天皇の許可がないまま調印され、幕府のやり方に反発する志士たちは、大老井伊直弼《いいなおすけ》によって弾圧された。安政の大獄である。そして、桜田門外で井伊直弼が暗殺される事件が起き、長州藩によって、外国船砲撃が開始される。情勢が目まぐるしく変わる中、将軍の上洛を契機に、天皇の権威を示す行幸が行われた。

大和行幸と倒幕計画

文久三年（一八六三）八月には、三度目となる行幸の詔が出された。行幸先は大和国の春日社、神武陵である。続いて伊勢神宮に参拝して攘夷祈願を行い、天皇を推し立てて官軍をつくり上げ、武力倒幕へもちこむ計画であった。

大和行幸の詔が出た直後に、約四十名の志士たちが密かに集結した。公家中山忠光《なかやまただみつ》を主将に、土佐藩脱藩吉村虎太郎《よしむらとらたろう》・刈谷藩脱藩松本奎堂《まつもとけいどう》・岡山藩脱藩藤本鉄石《ふじもとてっせき》など、多くが二十代の若者たちであった。河内国で、水郡善之祐《にごりぜんのすけ》らを筆頭とする河内の志士たちも加わり、一行は皇軍御先鋒団を結成し、大和国南部を支配する五條代官所へ討ち入った。これが「天誅組」である。八月十七日、彼らは約七万石の幕府領を占拠し、新政府「五條御政府」を打ち立てたのである。

一夜にして賊軍へ

しかし翌日、行幸反対派の公家、薩摩藩、会津藩などが、宮中クーデターを断行し、行幸は中止となってしまう。わずか一日で彼ら天誅組は、皇軍御先鋒の大義名分を失い、代官所を襲撃した逆賊となってしまったのである。

行幸反対派で占められた朝廷から、京都守護職松平容保《まつだいらかたもり》へ天誅組討伐命令が下され、一万人余りの幕府軍が南大和を包囲する中、古くから尊王精神で名高い十津川郷士を味方につけ、幕府の大軍を迎えうち、約一カ月にわたって戦い続けた。しかし、形勢を覆すことは出来ず、大峯山系を越えて、敗走を余儀なくされた。東吉野村で多くの隊士が戦死し、ついに天誅組の挙は、終焉を迎えた。

天誅組の志と信条

以後、生野の変、元治元年(一八六四)の水戸天狗党の乱、禁門の変、慶応二年(一八六六)の幕長戦争と武力蜂起が続き、慶応三年十月の大政奉還をへて、王政復古が宣言され、新しい時代が到来する。

先頭を切って、国や人々のために立ち上がった天誅組の行動は、義挙と讃えられ「明治維新の魁《さきがけ》」と評される。

近年、現代社会において天誅組の姿が、求められているように思える。損得勘定や景気ばかりに左右され、信義や倫理観が希薄になりつつある社会において、彼らのような熱い生き方は、やはり詰まるところ、格好イイのである。それは、信条のひとつ「一心公平無私」や、先駆けて行動する純粋さや、潔さである。誰もやっていないことへの挑戦は、躓きや失敗をすることが多い。だが、それがなければ、道は開けない。恐れずに行動する根底にあるものは志であり、志とは、確固たる目的や信念であり、寝食を忘れるほど打ち込めるものである。そこに、利害や毀誉褒貶《きよほうへん》など入るはずもない。

天誅組の変とは、自分たちより強大な相手に挑み、約四十日にわたって幕府軍を翻弄し続け、最後は潔く散って行った志士たちの、ある種痛快な物語なのである。

目次

7. 終焉の地、東吉野村　97

第三章　主な隊士の関連地 155

奈良県内の行軍図

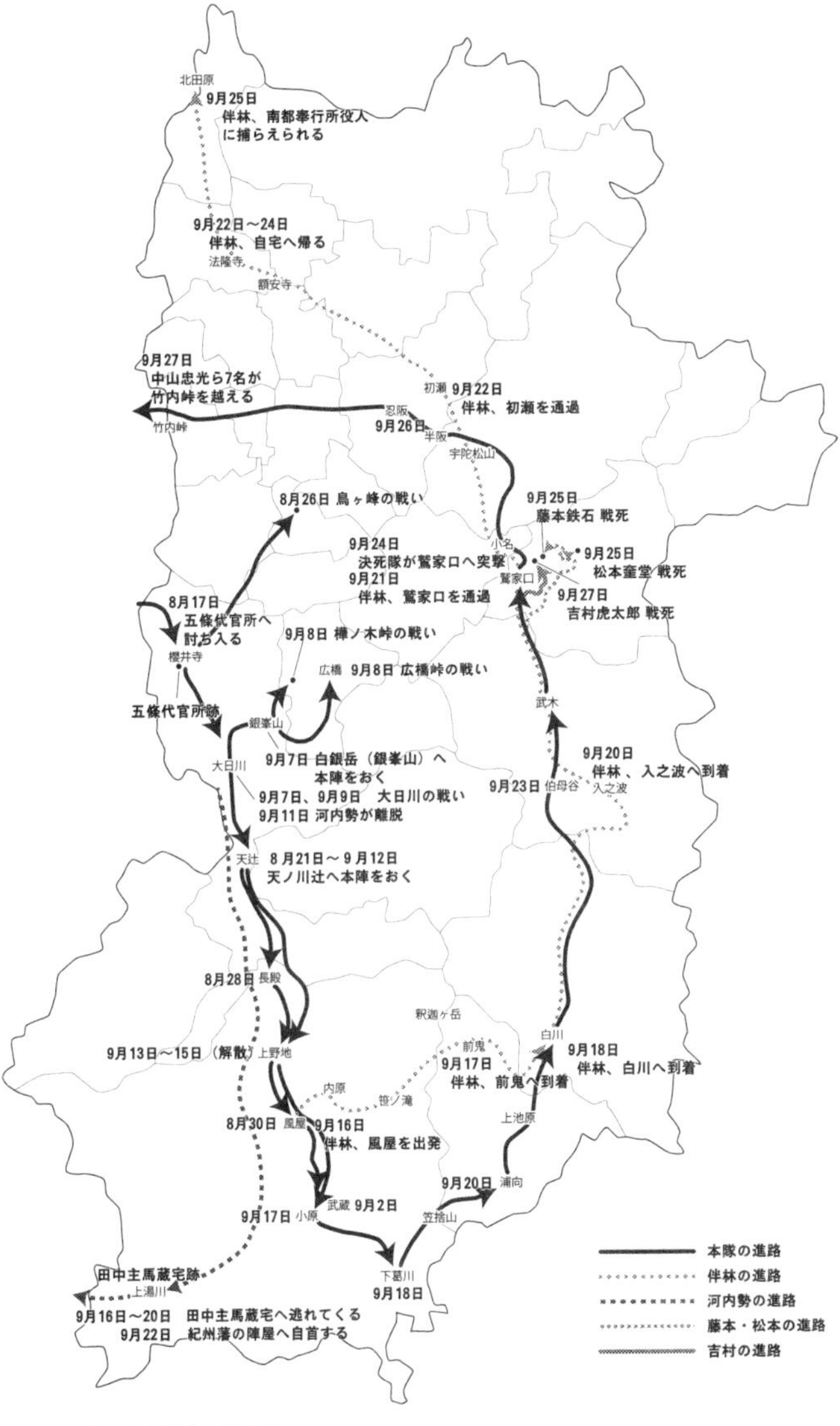

17 奈良県内の行軍図

相関図

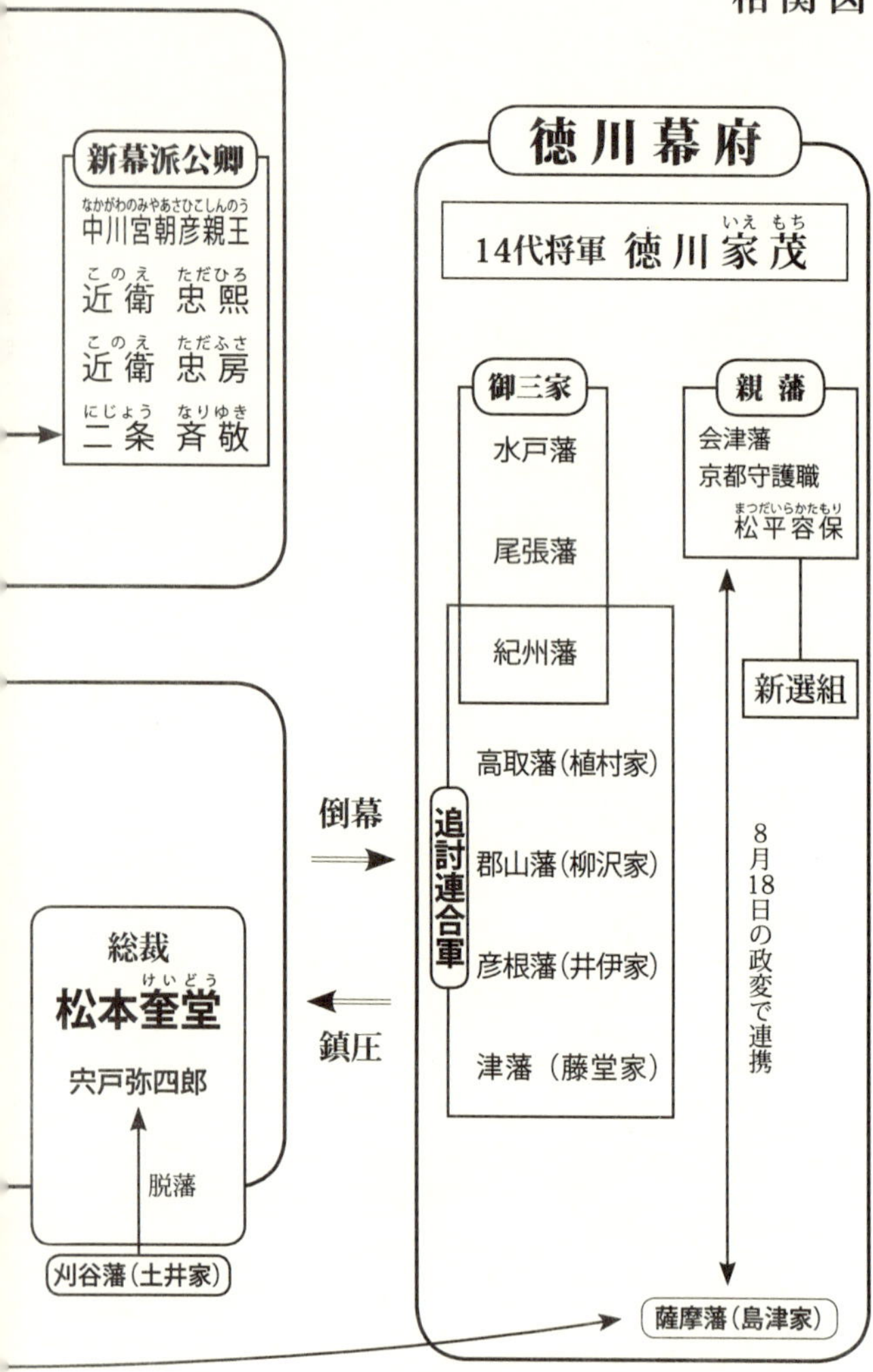

徳川幕府
14代将軍 徳川家茂《いえもち》
御三家
水戸藩
尾張藩
紀州藩
親藩
会津藩
京都守護職
松平容保《まつだいらかたもり》
新選組
追討連合軍
高取藩（植村家）
郡山藩（柳沢家）
彦根藩（井伊家）
津藩（藤堂家）
8月18日の政変で連携
薩摩藩（島津家）
新幕派公卿
中川宮朝彦親王《なかがわのみやあさひこしんのう》
近衛《このえ》忠熙《ただひろ》
近衛《このえ》忠房《ただふさ》
二条《にじょう》斉敬《なりゆき》
倒幕
鎮圧
総裁
松本奎堂《けいどう》
宍戸弥四郎
脱藩
刈谷藩（土井家）

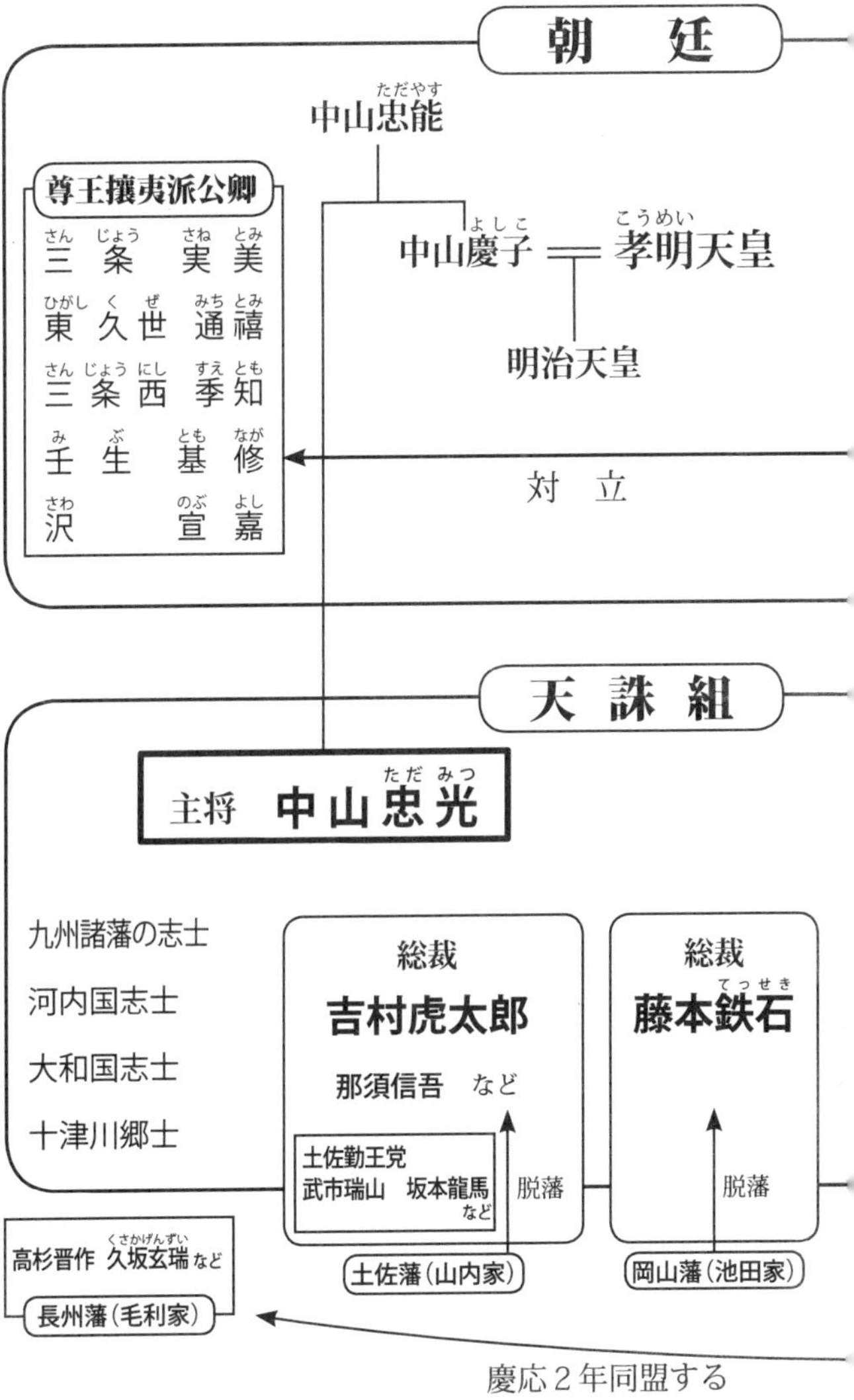
朝廷
中山忠能《ただやす》
尊王攘夷派公卿
三条《さんじょう》実美《さねとみ》
東久世《ひがしくぜ》通禧《みちとみ》
三条西《さんじょうにし》季知《すえとも》
壬生《みぶ》基修《ともなが》
沢《さわ》宣嘉《のぶよし》
中山慶子《よしこ》
孝明天皇《こうめい》
明治天皇
対立
天誅組
主将　中山忠光《ただみつ》
九州諸藩の志士
河内国志士
大和国志士
十津川郷士
総裁
吉村虎太郎
那須信吾　など
土佐勤王党
武市瑞山　坂本龍馬
など
脱藩
土佐藩（山内家）
総裁
藤本鉄石《てっせき》
脱藩
岡山藩（池田家）
高杉晋作　久坂玄瑞《くさかげんずい》など
長州藩（毛利家）
慶応２年同盟する

行軍年表

	文久3年（1863）8月	
天誅組の動き	14日	中山忠光ら40名が方広寺に集結する。
	15日	大坂土佐堀の旅宿坂田屋で支度を整える。
	16日	早朝　堺港旭橋で上陸する。 午前　狭山の報恩寺で休息、狭山藩へ協力を要請する。 午後　水郡善之祐邸へ入る。狭山藩から武具の提供を受ける。 夜　水郡邸を出発する。
	17日	三日市油屋本陣へ入る。 午前　油屋本陣を出発する。 午後　観心寺で昼食、楠木正成の首塚へ参拝する。
追討軍の動き	14日	大和行幸の詔が出される。
	16日	中川宮が参内し大和行幸の中止等を上奏する。 狭山藩、天誅組へ武具を提供する。

	夕刻　五條代官所へ討ち入る。
18日	桜井寺に本陣を置き「五條御政府」がひらかれる。
	夕刻　高取藩へ協力を要請する。
	夜　平野国臣らが五條へ来る。
19日	大和行幸中止の知らせが来る。
20日	高取藩から武具の提供を受ける。
	五條を出発し、南へ移動する。賀名生皇居へ立ち寄る。
21日	天ノ川辻の鶴屋治兵衛邸を本陣とする。
22日	十津川郷士に協力を要請する。
25日	天ノ川辻本陣へ十津川郷士が集結する。
	午後　五條へ出陣し高取へ進軍を開始する。

18日	中川宮らの政変により、大和行幸中止が決定される。
19日	未明　尊王攘夷派の公卿や長州藩が京都から退去する（七卿落ち）。
	高取藩が天誅組の協力要請を受ける。
20日	高取藩が武具を提供する。
21日	朝廷が追討命令を下す。

26日	未明　高取藩と戦闘になり、本隊は天ノ川辻本陣まで敗走する。 夜半　吉村虎太郎らが高取城下の夜襲に失敗する。	26日	未明　高取藩が天誅組を迎え撃ち、敗走させる。
28日	本隊が長殿村へ移動する。 後続隊が天ノ川辻本陣で留まり、本隊の南下脱出計画を拒否する。	29日	紀州藩が五條へ着陣する。
30日	本隊が風屋村へ移動する。 夜半　後続隊が紀州藩の恋野村陣所を焼き討ちする。	30日	彦根藩が高取へ、郡山藩が下渕へ、津藩が五條にそれぞれ着陣する。
9月 2日	本隊が武蔵村へ移動する。		
4日	本隊が武蔵村を出発し、後続隊と合流するために北上する。	4日	京都守護職松平容保が、紀州藩・彦根藩・郡山藩・津藩を叱咤する。
7日	五條突破作戦をとり北上。大日川で津藩と戦う。	7日	津藩が大日川へ進軍し、戦闘になる。

	白銀岳へ移動する。	
8日	樺ノ木峠で彦根藩と、広橋峠で郡山藩と戦う。	追討軍が白銀岳を取り囲む。彦根藩が樺ノ木峠を攻撃し、郡山藩が広橋峠を攻撃する。
9日	下市の彦根藩陣営を焼き討ちする。本隊が大日川へ出陣し、津藩と戦う。	
10日	河内勢隊士が、津藩を追撃し、五條直前まで迫る。本隊は十津川郷籠城作戦に変更し、天ノ川辻本陣へ引き揚げる。	
11日	河内勢隊士ら13名が、離脱する。	
12日	追討軍総攻撃が始まり、本隊が十津川郷へ撤退する。	
13日	本隊は上野地村へ着陣する。	
14日	後続隊が天ノ川辻本陣を捨てて退却する。	追討軍が天ノ川辻本陣を総攻撃し、占領する。

	十津川郷士から郷外退去を勧告される。	
15日	解散を宣言する。	
16日	風屋村へ移動する。後続隊と本隊が合流する。 河内勢隊士、十津川郷士田中主馬蔵邸へ潜伏する。	
18日	下葛川村へ移動する。	
19日	笠捨山越えで十津川郷から退去する。	津藩が上野地村へ進軍。
20日	北山郷浦向村に到着する。 河内勢隊士、十津川郷士に襲撃される。	
21日	白川村林泉寺へ到着する。	
22日	河内勢、小又川村の紀州藩陣所へ自首する。	
23日	林泉寺を出立し伯母峰峠を越える。	紀州藩が北山郷浦向村へ進軍。彦根藩が一隊を鷲家口へ配置する。

24日　武木村から足ノ郷道を越えて鷲家口へ出る。十津川郷士野崎主計が自決する。
夕刻　決死隊が鷲家口彦根藩陣営へ斬り込み、戦死する。
夜半　松本奎堂・藤本鉄石らは伊豆尾村の庄屋宅へ潜伏する。
吉村虎太郎らは木津川村の庄屋宅へ潜伏する。
本隊が小名峠を越える。

25日　十津川郷士深瀬繁理が津藩によって斬首される。
松本奎堂・藤本鉄石が戦死する。伴林光平が奈良奉行役人に捕えられる。
本隊に属していた隊士たちが津藩・芝村藩に捕縛される。

26日　前田繁馬らが戦死する。

24日　津藩が浦向村へ進軍。紀州藩が鷲家村に一隊を配置する。
津藩の追加部隊が丹波市村へ着陣する。
彦根藩が決死隊を討ち取る。

25日　津藩が伯母峰峠を越えて本隊を追跡する。
追討軍が残党狩りを行う。

	27日	吉村虎太郎が戦死する。本隊7名が竹内峠を越えて大坂へ脱出する。
10月	10日	河内勢隊士らが六角獄舎へ投獄される。
	16日	大和国中で捕縛された隊士たちが六角獄舎へ投獄される。
元治元年2月	16日	投獄されていた隊士19名が処刑される。
7月	19日	禁門の変
	20日	投獄されていた隊士ら14名が処刑される。

※日付表記は旧暦。新暦にすると文久三年（一八六三）八月十四日は、九月二十六日。

第一章　奈良県　倒幕の先駆けとして

1．新時代への第一歩となった五條市

大阪府河内長野市から国道三一〇号で金剛山地を越えれば五條である。峠道を下っていると五條の街並みと吉野川、遥か向こうには大峯山系の山々が折り重なって美しく見える。穏やかな田園風景の広がる五條に、今から約一五〇年前の文久三年（一八六三）八月十七日、天誅組が金剛山千早峠《ちはやとうげ》を駆け下り、代官所へ討ち入った。代官鈴木源内らを討ち取り、桜井寺に本陣を置き「五條御政府」を高らかに宣言したのである。大和行幸《やまとぎょうこう》・天皇御親征《ごしんせい》に先駆けて倒幕の口火を切った天誅組へ、続々と志士たちが参加してきた。しかし、翌十八日に朝廷内で政変が起き、行幸は中止となる。一夜限りの幻となった新政府。決起した彼らに、幕府が追討軍を差し向ける。

五條代官所長屋門（五條市立民俗資料館／新町）

卍井上院
JR五条駅
乾十郎の
墓所
JR和歌山線
森田節斎
顕彰碑
極楽寺墓地
乾十郎辞世の
歌碑
代官所跡
（五條市役所）
桜井寺
卍
24
五條小
卍常楽院
乾十郎宅跡
八幡神社
井澤宜庵の墓所
井澤宜庵
宅跡
五條
代官所長屋門
森田節斎宅跡
まちや館
168
まちなみ
伝承館
大
川
橋
新町通り
吉野川

千早峠を越えて五條代官所へ

五條市域はかつて宇智郡《うちぐん》といい、慶長十三年（一六〇八）年から八年間、松倉重政《まつくらしげまさ》の二見藩《ふたみはん》がおかれ、その後、郡山藩の支配地になったが、寛政《かんせい》七年（一七九五）以後は幕府領となり、代官所がおかれた。五條市役所が建っている場所である。八月十七日、千早峠を越え、岡八幡宮で陣容を整えた隊士たちは、一気に五條の町を目指した。代官所を取り囲むと空砲を合図に表門・裏門から突撃した。代官鈴木源内《すずきげんない》、元締長谷川岱助《はせがわたいすけ》、用人黒沢儀助《くろさわぎすけ》・伊東敬吾《いとうけいご》を討ち、代官所から書類や雑具を運び出すと、建物に火を放った。江戸時代の幕藩体制下で、初めて起こった、武力倒幕蜂起のはじまりであった。

一行が陣容を整えた岡八幡宮（岡町）

桜井寺に新政府設立

代官所討ち入り後に本陣をおいた寺で「五條御政府《ごじょうおんせいふ》」が設立された場所である。朝廷から正式に認められることがなかったとはいえ、明治政府樹立より四年前に「新政府」がつくられており、政変がなければ、ここで歴史が大きく変わっていたといえよう。

隊士たちは、役割を取り決め、周辺村々や近隣諸藩へ施政布告などにあたった。当時は大規模な伽藍であったが、町の開発に伴い規模が縮小し、本堂なども新築された。旧本堂は神奈川県箱根町へ、山門は埼玉県所沢市の狭山不動寺へ移築されている。境内に鈴木源内ら代官所役人の首を洗ったという手水鉢が残され、鐘楼の奥に「天誅義挙殉国諸霊供養塔」が建つ。交差点の名称が、これ因んで「本陣」と付けられているのも面白い。

五條代官所跡（五條市役所／本町）

桜井寺（須恵一丁目）

役人の首を洗ったという手水鉢が境内に残る

代官所役人が眠る極楽寺墓地

代官所跡地である五條市役所から北東へ歩き、国道三一〇号の高架を潜ると、旧極楽寺《ごくらくじ》墓地がある。古い墓石が多く、代官所役人六名のほか五條の著名な文化人の墓が点在している。

代官鈴木源内は、支配勘定格で、天保十四年（一八四三）に下野国真岡《しもつけのくにもおか》へ赴任したのち、新潟奉行支配組頭、信濃国《しなののくに》中野代官をへて、文久二年（一八六二）に五條代官となった。大変穏やかでよい治政を行っていたといわれる。文久三年、十津川郷士が自ら禁裏御守衛《きんりごしゅえい》を願い出た時には、「何かあったら自分が切腹して責任を取る」ことを約束して彼らを送り出しており、尊王精神を持ち、赴任地の風土や気質に理解を示す人物だったようだ。

この墓地に眠る五條ゆかりの人物として、儒学者森田節斎《もりたせっさい》の父文庵《ぶんあん》、絵師巽猪之介《たつみいのすけ》、俳人小川亀遊《おがわきゆう》、医者小林粛翁《こばやししゅくおう》、豪商増田敬業《ますだけいぎょう》、森田節斎と交遊の深かった医者小林道隆《こばやしみちたか》、堤孝亭《つつみこうてい》、儒学者横谷葛南《よこやかつなん》、十津川郷士前木鏡之進《まえききょうのしん》がいる。

代官役人の墓所（本町）

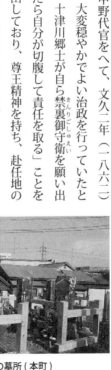

五條ゆかりの隊士たち

井澤宜庵《いざわぎあん》

井澤家は、代々医者で、宜庵の祖父は華岡青洲《はなおかせいしゅう》の門人、父は文化年間頃に五條代官所医師をしていたという。宜庵は弘化元年（一八四四）、京都の蘭方医広瀬元恭《ひろせげんきょう》の「時習堂《じしゅうどう》」に入門し、西洋医学を学んだ。ともに学んだ人物として、のちの東芝の創始者で「からくり儀右衛門」の別名で有名な田中久重《たなかひさしげ》、日本赤十字の創始者である佐野常民《さのつねたみ》などがいる。数少ない蘭医として天誅組で活躍したが、大峯山系を越えて下北山村、上北山村へと敗走する中で本隊と逸れ、十月九日に五條へ戻ってきて自首した。その後、奈良の津藩陣屋に抑留されたが、広瀬元恭の嘆願もあり、医者であったことから重要人物とは見做されず釈放された。しかし、幕府はその処置を容認せず、京都東町奉行の役人を派遣して再逮捕し六角獄舎へ収容した。獄中八カ月ののち、慶応元年（一八六五）七月二十八日に、毒殺された。享年四十三。

墓所（常楽院／本町）
妻岡田禮以（おかだれい）とともに眠る。

宅跡（本町一丁目／五條小学校西側）

乾《いぬい》　十郎《じゅうろう》

文政十一年（一八二八）五條生まれ。森田節斎に儒学を、森田仁庵《もりたじんあん》（節斎の弟）に医学を、さらに大津湖南塾で梅田雲浜《うめだうんぴん》に学び、高市の儒学者森竹亭《もりちくてい》の門人になった。

安政元年頃に大坂で医者をしていたが、万延元年（一八六〇）、五條へ戻り、医者の傍ら目薬「真珠園」の製造販売などを手掛けた。長髪に鉄扇を持ち幕府批判を展開する十郎の姿に、五條の人々は、慶安四年（一六五一）に幕府転覆計画を企てた由比正雪《ゆいしょうせつ》のようだ、と噂し合ったという。

梅田雲浜に従って十津川郷士の農兵育成に尽力し、また文久三年三月には、大和高田の豪商村島蔵之進《むらしまくらのしん》らとともに、吉野川の水を分水し大和平野へ通して二十万石の米の増収を図る「吉野川分水事業」の計画案を、中川宮へ建白している。

決起の際には五條にあって、本陣の下準備や十津川郷士への呼びかけ等に奔走した。隊壊滅の直前、重病人小川佐吉《おがわさきち》と川上村に留まり、村人の助けを受けながら山中の洞窟に六十日余り潜伏した。元治元年（一八六四）正月、小川の回復とともに大坂へ出た十郎は、勤王活動を再開したが、約半年後に捕縛され京都六角獄舎にて処刑された。享年三十七。

十郎の妻亥生《いわお》の活躍も見逃せない。長男寿太郎を連れて看護師として従軍し、病傷人の世話をした。驚くことに、五條代官所へ討ち入りした八月、既に臨月を迎えており、天ノ川辻本陣で出産している。十津川郷で天誅組が解散し、大峯山系を越えて敗走する事態に陥ると、さすがに峻険な山越えに付いていくことが出来ず、風屋の十津川郷士の家に匿われた。後年、西野村《にしのむら》（現在の西吉野町）の畠山忠治郎《はたけやまちゅうじろう》へ再嫁し、ムメと名乗った亥生は、十郎の墓を五條に建てた。

顕彰碑（須恵二丁目）
「いましめの縄は血汐に染まるともあかき心はなどかはるべき」の辞世が彫られている。

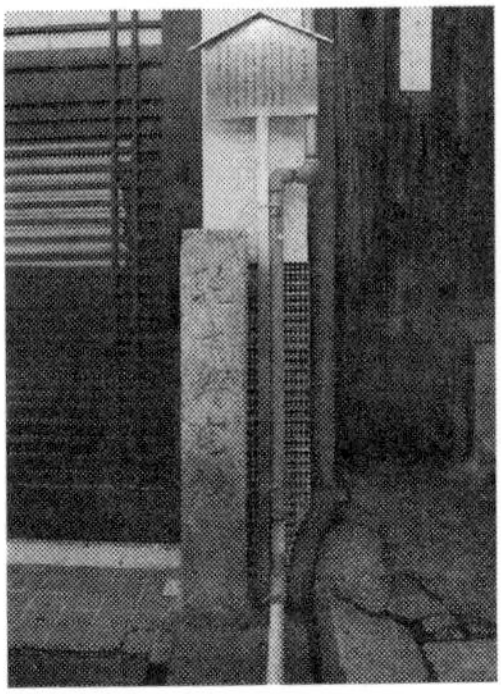
宅跡（五條）
国道二十四号の一つ南の筋に碑がある。
当時は十郎宅のそばに桜井寺南門があった。

墓所（井上院／岡口）

四天王寺元三大師堂《がんざんだいしどう》手前、中之院附近に並ぶ四基の顕彰碑のひとつが、乾十郎顕彰碑。十郎の先妻の子大井松《おおいまつ》が建立したもので、「贈正五位乾十郎君之碑」の題字は北畠治房《きたばたけはるふさ》の手による。治房は、元の名前を平岡鳩平《ひらおかきゅうへい》といい、天誅組の変を生き残り、明治政府で栄達した数少ない人物のひとりである。

乾十郎顕彰碑
（四天王寺／大阪府天王寺区）

森田節斎《もりたせっさい》

文化八年（一八一一）、五条生まれの儒学者。十五才で上京して猪飼敬所《いがいけいしょ》や頼山陽《らいさんよう》らに学び、さらに江戸の昌平校《しょうへいこう》に学んだ。儒学者としてだけでなく、文章家、詩文家として名声が高く、人生の中で書いた詩や論文、非業に倒れた志士のために書いた碑文は数知れない。備中、伊予、京都、郡山と西国を中心に遊歴し、多くの門弟を指導したが、役職に縛られることを嫌い、姫路藩に招聘された際、待遇の手厚さに辟易し「大名の振舞にあう暑さかな」の句を残して、すぐに辞めてしまったことがある。長州藩吉田松陰《よしだしょういん》を始め、久坂玄瑞、熊本藩宮部鼎蔵《みやべていぞう》なども教えを乞うている。梅田雲浜や頼三樹三郎らとも交流が深い。文久年間（一八六一～一八六四）は倉敷で過ごすことが多かったが、門下生たちが尊王攘夷活動に身を投じ、天誅組には原田亀太郎、乾十郎、森本伝兵衛などが参加したため、倉敷代官から危険人物と見做され、慶応元年（一八六五）、五條へ戻った。翌年、荒見村《あらみ》（和歌山県紀の川市）北長左衛門《きたちょうざえもん》方などに住いしたが、明治元年（一八六八）、病で逝去した。享年五十八。明治四十一年（一九〇八）、明治天皇の大和行幸の際、勤王志士を多く指導した功績をもって従四位が贈られた。

顕彰碑（本町／市民会館前）
久邇宮邦彦王の篆額と東宮侍講で文学博士三島中洲の撰文、明治三筆に数えられる書家日下部鳴鶴の書による。

宅跡（五條）
桜井寺門前の本陣交差点から南へ下り、吉野川手前の筋を左へ入る。

顕彰碑（九頭神社／和歌山県紀の川市荒見）
昭和十二年（一九三七）に節斎会によって建立されたもの。撰文は、岸和田藩出身の漢学者で節斎の門弟の土屋鳳洲。

墓所（和歌山県紀の川市荒見）
門人北淳太郎らによって建立され、のち、妻無絃女史、長男司馬太郎の墓も隣に建てられた。

2. 南朝の里、西吉野町・大塔町

思いがけない行幸中止の知らせに、僅か一夜で賊軍にされてしまった天誅組。討伐命令が下され、紀州藩・津藩・郡山藩・彦根藩などが動き始める中、本陣を戦闘有利な天ノ川辻へ移し、徹底抗戦の構えを見せる。

五條から大塔町の天ノ川辻本陣まで、約十一キロの距離である。秘境ともいわれる十津川村へ向かうだけあって、徐々に町から山中へと風景が変わってくるのが、当時へタイムスリップしていくようだ。その山間の地で、豪商鶴屋治兵衛は邸宅を提供して天誅組を助け、約千人の十津川郷士が集まった。それは南朝の再来を思わせる。人はこの地を、「維新胎動の地」と呼ぶ。

大塔郷土館（大塔町阪本）

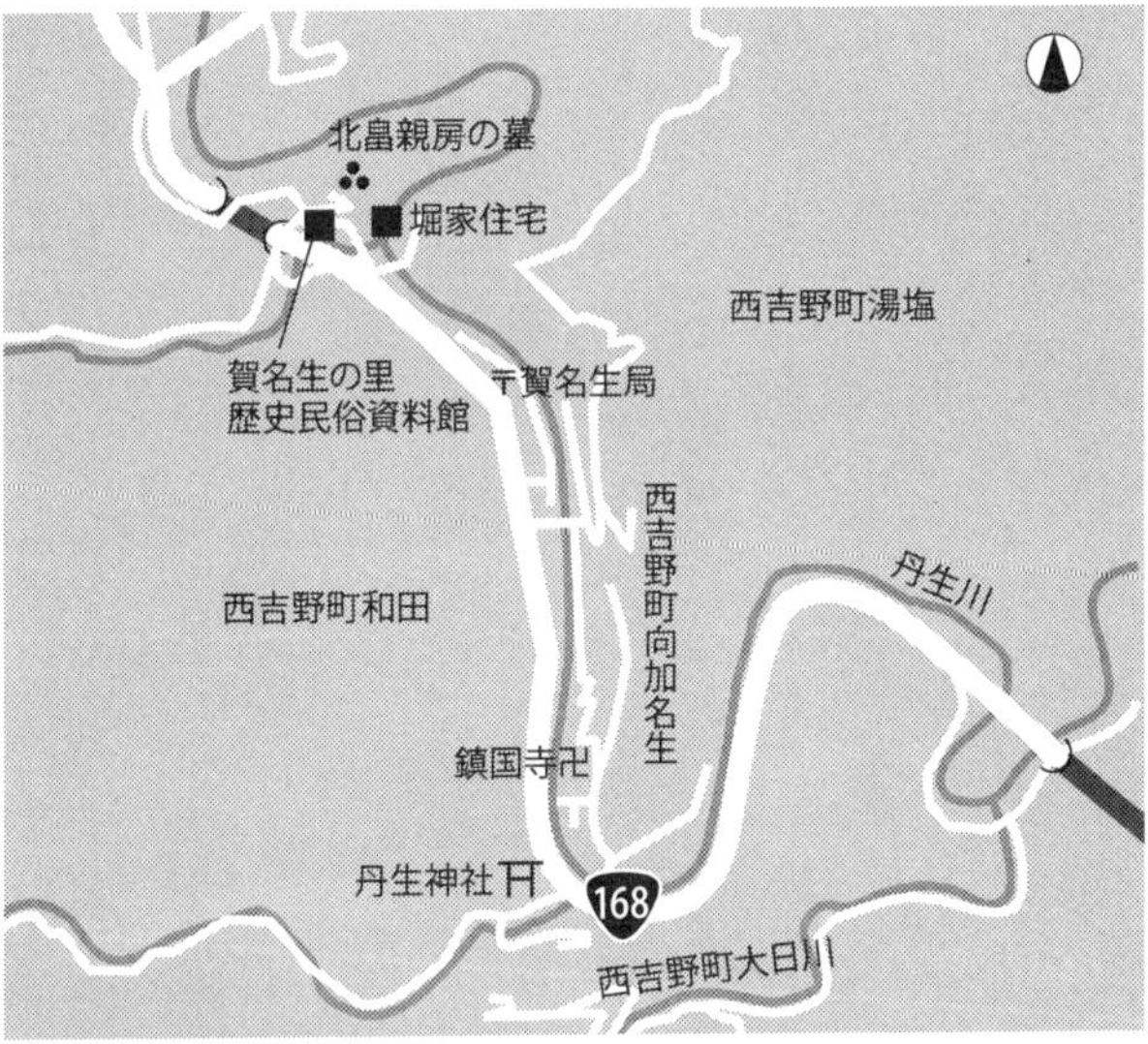

吉村虎太郎が掲げさせたという「皇居」扁額（堀家／西吉野町賀名生）

賀名生《あのう》皇居で決意を新たに

五條市内から吉野川を渡り、国道一六八号を南下してふたつめのトンネルを抜けた場所に、賀名生《あのう》の集落がある。茅葺きのどっしりとした古民家が、賀名生皇居とよばれる、国の重要文化財堀家住宅である。

南北朝の動乱の中、京を追われた後醍醐天皇《ごだいごてんのう》が、吉野へ向かう途上で堀信増《ほりのぶます》に迎え入れられた邸で、後村上天皇《ごむらかみてんのう》、後亀山天皇《ごかめやまてんのう》の行在所ともなった。天誅組は、西熊野街道を南下の途中、ここへ立ち寄った。後醍醐天皇の太刀や甲冑、綸旨等を伏し拝み、倒幕への決意を新たにした彼らは、感慨とともに各自の姓名を「来賓姓名録」に記している。

門に掲げられている「皇居」と墨書された扁額は、皇居跡を戦火から守るため、吉村虎太郎が書いたものと伝わる。

賀名生皇居　（堀家／西吉野町賀名生）

激戦の跡地、大日川集落と鎮国寺

堀家をあとにして南へ向かうと、すぐ目の前に大日川《おびかわ》集落の丘陵が聳える。西熊野街道は、この集落を越えて鳩の首峠《はとのくびとうげ》、天ノ川辻《てんのかわつじ》へと続く。九月七日、十日の二度にわたって津藩との戦闘が繰り広げられた。麓の丹生《にゅう》神社から大日川の集落へ登ると、丹生川の東側を通る街道を見下ろすことができ、五條市内や金剛山まで遠望できる。

地の利のある高所で戦ったが、兵力も武器も少ない天誅組は徐々に形勢不利になり、別動隊の伏兵偽装作戦によって、かろうじて敵を退けた。しかし、少ない兵力では追撃もできず、東の白銀岳《しらかねだけ》へと陣を移した。

別働隊が潜んだ鎮国寺《ちんこくじ》は、後醍醐天皇の祈願所で、明治初年に廃寺となり一堂だけが現在地へ移転されている。本堂には天誅組追討祈願をしたものか、津藩主藤堂和泉守（高猷《たかゆき》）・郡山藩主松平甲斐守（柳沢保申《やなぎさわやすのぶ》）・高取藩主植村駿河守（家保《いえやす》）の名前が入った額が掲げられている。

大日川集落から北方眼下を望む

鎮国寺に掲げられた、追討軍藩主が奉納した額
（西吉野町向加名生）

天ノ川辻本陣と鶴屋治兵衛の支援

天ノ川辻は、吉野川と十津川の分水嶺のある峠で、現在の表記は「天辻」となっている。五條・十津川村へ続く西熊野街道と、天川村、富貴村への分岐点で、天ノ川辻集落は、古来から西熊野街道最大の難所でありながら、問屋や旅宿などが立ち並び、交通の要衝として活気溢れる地域であった。

五條を退いた天誅組は、集落随一の豪商鶴屋治兵衛《つるやじへえ》の屋敷に本陣を構えた。隊士たちだけでなく、大勢の人夫や商人が出入りし、また倒幕の呼び掛けに応じた十津川郷士千人余りがここに集結した。高所にあった屋敷跡からは、周辺の山並みを見渡すことができ、意気盛んな当時の状況が目に浮かぶ。

鶴屋は、屋敷を提供しただけでなく、資金や物資面でも協力を惜しまなかった。彼らが、五條以南の地域を固めて幕府軍へ抵抗出来たのは、この協力によるところが大きい。十津川郷へ完全撤退するまでの約半月余りを、鶴屋邸を拠点に戦い続けた。

現在は「維新歴史公園」として整備され、ゆかりの歌碑などが建立されている。

天ノ川辻の天誅組本陣跡碑（維新歴史公園／大塔町簾）

義烈と讃えられている鶴屋治兵衛翁碑（維新歴史公園／大塔町簾）

三日間だけの本陣、白銀岳《しらかねだけ》

白銀岳（銀峯山）は栃原岳《とちはらだけ》、櫃ヶ岳《ひつがたけ》とともに吉野三山と称され、かつて黄鉄鋼や銅を産出した鉱山であった。標高六一〇メートルの頂上にある波宝神社は、住吉大神と神功皇后《じんぐうこうごう》を祭神とし、現存する本殿は寛文十二年（一六七二）に建立されたもので、幕末には有栖川宮家の祈願所であった。壁面に鶴、松、波濤の色彩豊かな壁画が描かれ、県指定有形文化財となっている。

九月七日、大日川の戦いを経て、下市方面からの攻撃に備えるため、白銀岳山頂に陣を置いた天誅組は、麓に防塁を築いて郡山藩・彦根藩を迎え討ったが、防塁は一日で陥落し、本陣は僅か三日のみで、天ノ川辻への退却を余儀なくされた。

波宝神社（西吉野町八ツ川）

3. 高取城へ進軍、御所《ごせ》市・高取《たかとり》町

「夕雲の所絶《とだえ》をいづる月も見む風の森こそ近づきにけれ」。天誅組決起の知らせを聞いた伴林光平は、大坂から急ぎ五條へ向かう途上、下街道の風の森峠で一息を入れ、この歌を詠んだ。夕暮れ時、雲の切れ間から出る月を眺めた光平の、いよいよ、という興奮と息切れが伝わってくる。風の森峠は、大和国中との境で、下れば五條へ入る。

下街道《しもかいどう》から高取へ続く土佐街道へ入ると、往時の道が残る。街道から、高取山頂に堂々と聳え立つ白亜の城が、美しく見えていたという。のち、天誅組は高取城攻撃へ向け、五條から北上したが、返り討ちに遭った。意気揚々と峠を駆けた光平と、前途に不安を抱えて敗走した天誅組。彼らの運命を決定づけた、様々なドラマがあった。

高取城址（高取町高取）

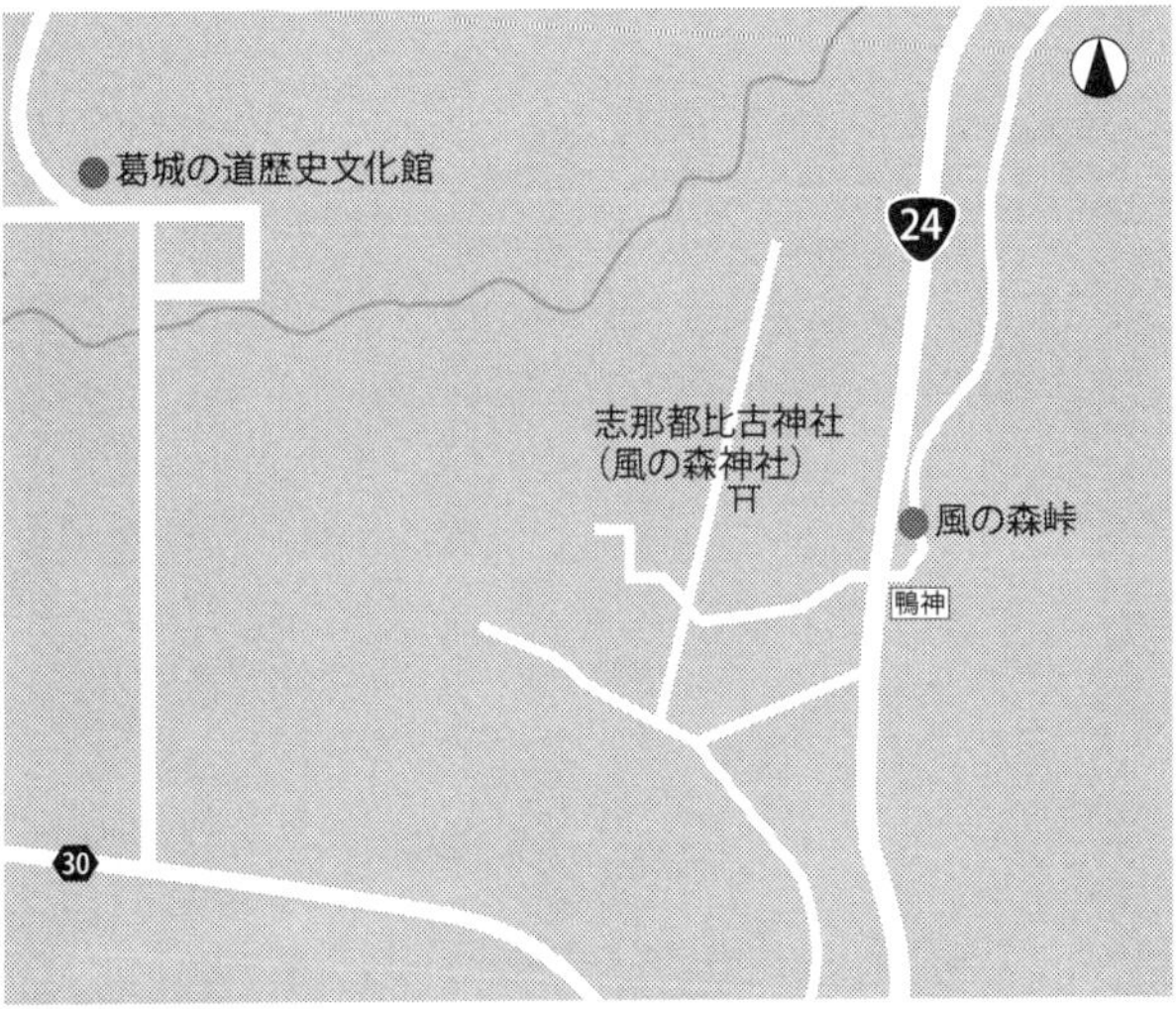
葛城の道歴史文化館
24
志那都比古神社
（風の森神社）
風の森峠
鴨神
30

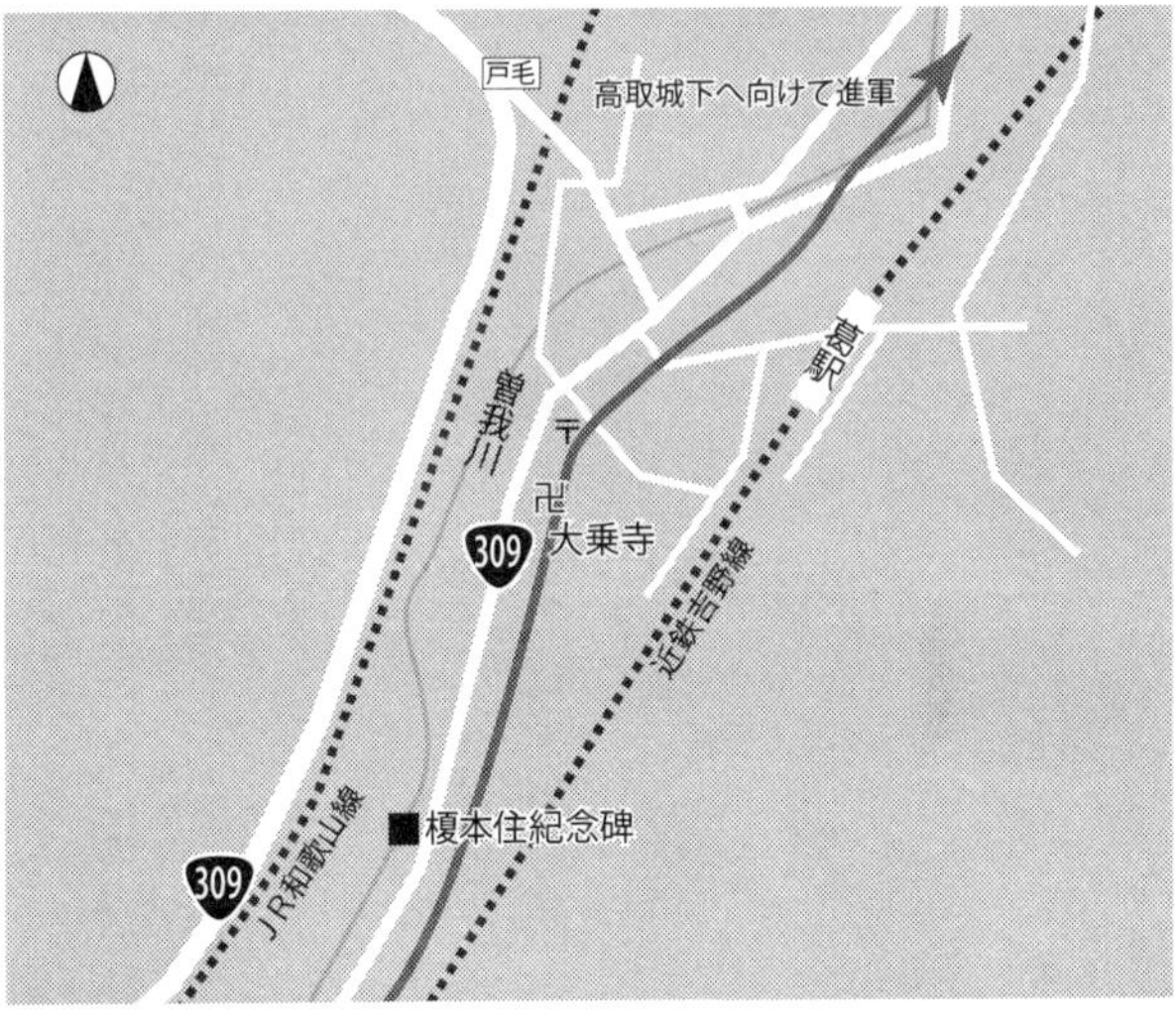
戸毛
高取城下へ向けて進軍
葛駅
曽我川
大乗寺
309
近鉄吉野線
榎本住紀念碑
309
JR和歌山線

風の森を越え伴林光平が参陣

風の森は御所市鴨神《かもがみ》にあり、大和高田市《やまとたかだし》、御所市《ごせし》を通って五條市へ繋がる下街道、高野街道の峠で、志那都比古神社《しなつひこじんじゃ》（風の森神社）がある。風水害から農作物を守る風の神である。八月十六日、大坂で決起の知らせを聞いた国学者伴林光平は、すぐに出立すると、翌日の夕方に風の森へ辿りつき、五條へ入ると天誅組に投じた。

また、ここは高取城攻めの別働隊として吉村虎太郎らが布陣した場所でもある。御所方面からくる幕府軍を警戒してのことであったが、来襲はなく、吉村虎太郎らは引き返した。神社境内に昭和五十八年（一九八三）建立の「討幕明治維新の魁・天誅組布陣百二十年記念」の碑がある。

風の森峠（御所市鴨神）

風の森神社（御所市鴨神）

女医榎本住の診察

榎本住《えのもとすみ》は御所市戸毛の内科医で、当時としては珍しい女医であった。高取城下への夜襲途中に高取藩士と遭遇し負傷した吉村虎太郎を、最初に診察した医者である。闊達かつ敏捷な男勝りの性格から女丈夫といわれ、丁寧で的確な診察は評判であった。肺炎で臥せっていた時に往診を請われ、歩くことができなかったため、人に負ぶわせて診察に出かけ、帰宅して亡くなったという壮絶な話が残る。

紀念碑は生前の明治二十六年（一八九三）二月に建立されたというから、彼女の人柄が偲ばれよう。

榎本住紀念碑（御所市戸毛）

難攻不落の山城、高取城

元弘二年（一三三二）、越智邦澄《おちくにずみ》によって、標高五八三メートルの高取山《たかとりやま》山頂に築かれた城で、尾根沿いに何段もの廓や掘割が形成され、南に吉野山、東に多武峯《とうのみね》、西に壺阪山《つぼさかやま》を控え、北は大和平野を遥かに見渡せる天嶮の地である。

天正八年（一五八〇）、織田信長の大和諸城破却命令によって、郡山城を除く城は全て破城となったが、新たに郡山城主となった豊臣秀長《とよとみひでなが》が高取城を重要視したことから残された。寛永十七年（一六四〇）からは植村家が入り、廃藩まで一四代にわたって治めた。

近世の城郭規模は、廓内の周囲七里余、面積は一万八千坪余。本丸、二の丸、三の丸を含む城内の面積は三千坪以上という、壮大な山城である。大手筋の一の門から本丸まで一・八キロメートルあり、郭や櫓を支えてきた石垣は苔むし、樹木に覆われながらも、長年の眠りからいつでも目覚めそうな、圧倒的な存在感をもって迫ってくる。

高取城址（高取町高取）

高取城再現ＣＧ
（奈良産業大学高取城ＣＧ再現プロジェクト制作）

木の辻で吉村虎太郎が負傷

高取城への夜襲を敢行した吉村虎太郎が、敵と遭遇し負傷した場所。城下町土佐《とさ》へ繋がる土佐街道と、紀州街道との分岐点で、紀辻《きつじ》ともよばれる。

本隊の敗走を知った吉村虎太郎は、即座に遊撃隊を編成し、城下夜襲に向かった。しかし、警戒にあたっていた高取藩士と遭遇し、戦いとなった。この時、後方で狙いを定めていた十津川郷士の銃弾が吉村虎太郎に当たってしまったのである。

続けざまの失敗に、天誅組はこれ以降、南へ追い詰められていくことになる。

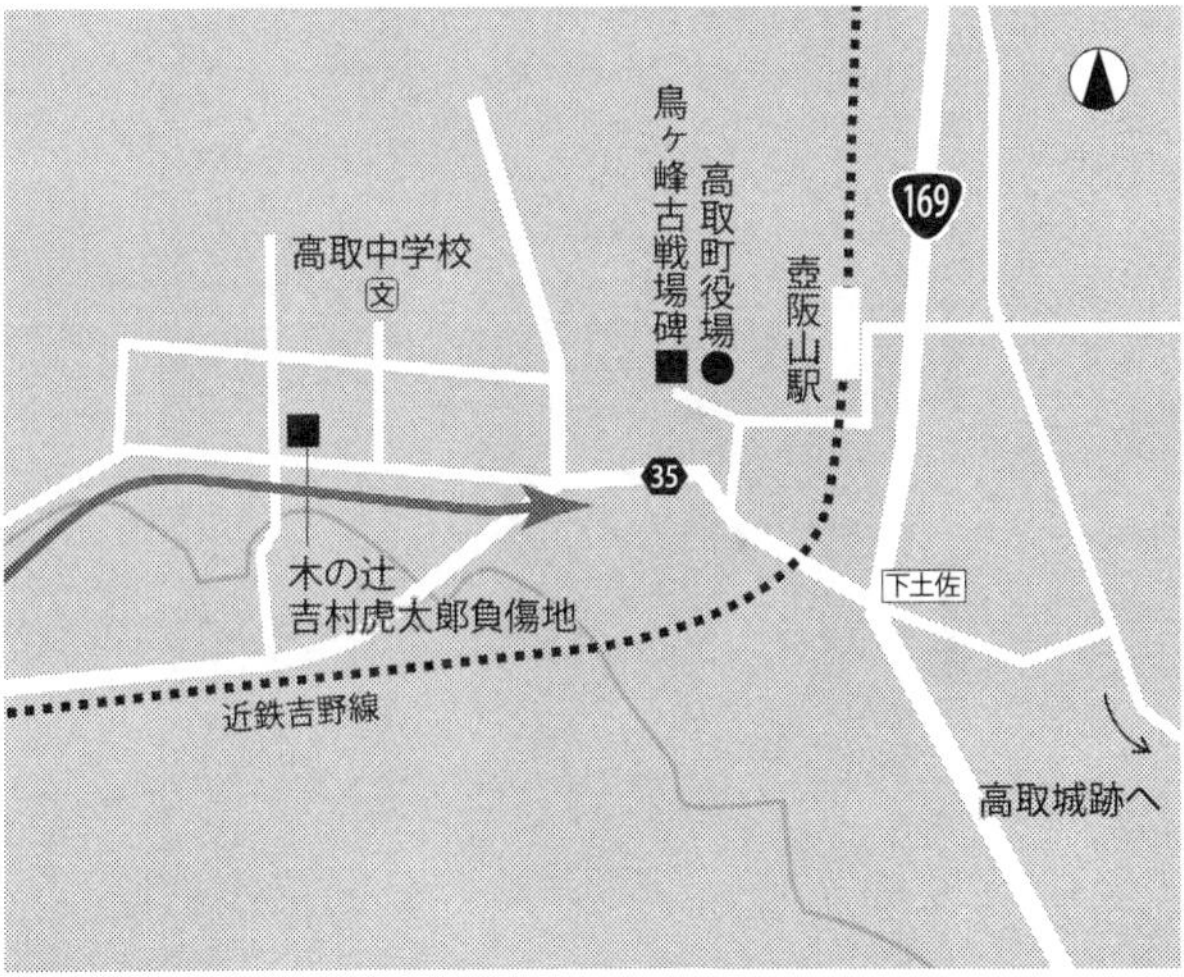

吉村虎太郎が負傷した木の辻（高取町森）

鳥ヶ峰古戦場碑（高取町観覚寺）

高取藩が鳥ヶ峰に布陣す

高取藩が陣を置いていた場所で、現在は高取町役場になっている。天誅組の動向を察知していた高取藩は鳥ヶ峰に布陣し、八月二十六日早朝、土佐街道を進軍してきたところに先制攻撃をかけた。

総勢千名余りの長く伸びた二列縦隊で進軍中だった天誅組は、突如降ってきた砲弾に大混乱となった。ようやく戦列を整え大砲を前面へ引き出したが、戦いは白兵戦となり、十津川郷士や農兵などの味方は田畑を踏み越えて逃走し、隊士たちが立て直そうにも、崩れた体制を戻すことは出来ず敗走した。

鳥ヶ峰の周囲は、長閑な田園風景が広がる。近年バイパスが通り、往時の景観は少しずつ失われているが、高台からは、周囲の地形がよく分かる。

4. 焼け野原となった商都、下市町《しもいちちょう》

吉野川にかかる千石橋《せんごくばし》を越えると下市町である。町の中心を流れる秋野川に沿うように家並みがあり、吉野の商都として栄えた面影が色濃く残る。天誅組の討伐に、はるばる出陣してきた彦根藩が、この町を拠点にし物資や人手を集めたのも頷ける。だが、彦根藩が滞在したことによって、天誅組から町ぐるみ焼き払われ、人々は甚大な被害を蒙った。民家への放火や焼き討ちが戦の一手段であったとはいえ、一夜にして商都は灰燼に帰した。

南へ下ると、砦が作られ防衛拠点となった広橋峠《ひろはしとうげ》、樺ノ木《かばのき》峠の古戦場へ行きつく。峠を吹きわたる風に、当時の喧騒が聞こえてきそうだ。

吉野川と千石橋（下市）

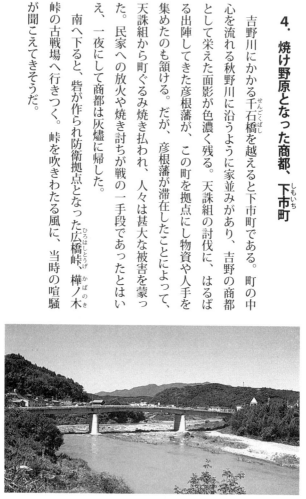

伴林光平の歌碑（下市中央公園／下市）
「吉野山峰の梢やいかならむ紅葉となりぬ谷の家村」

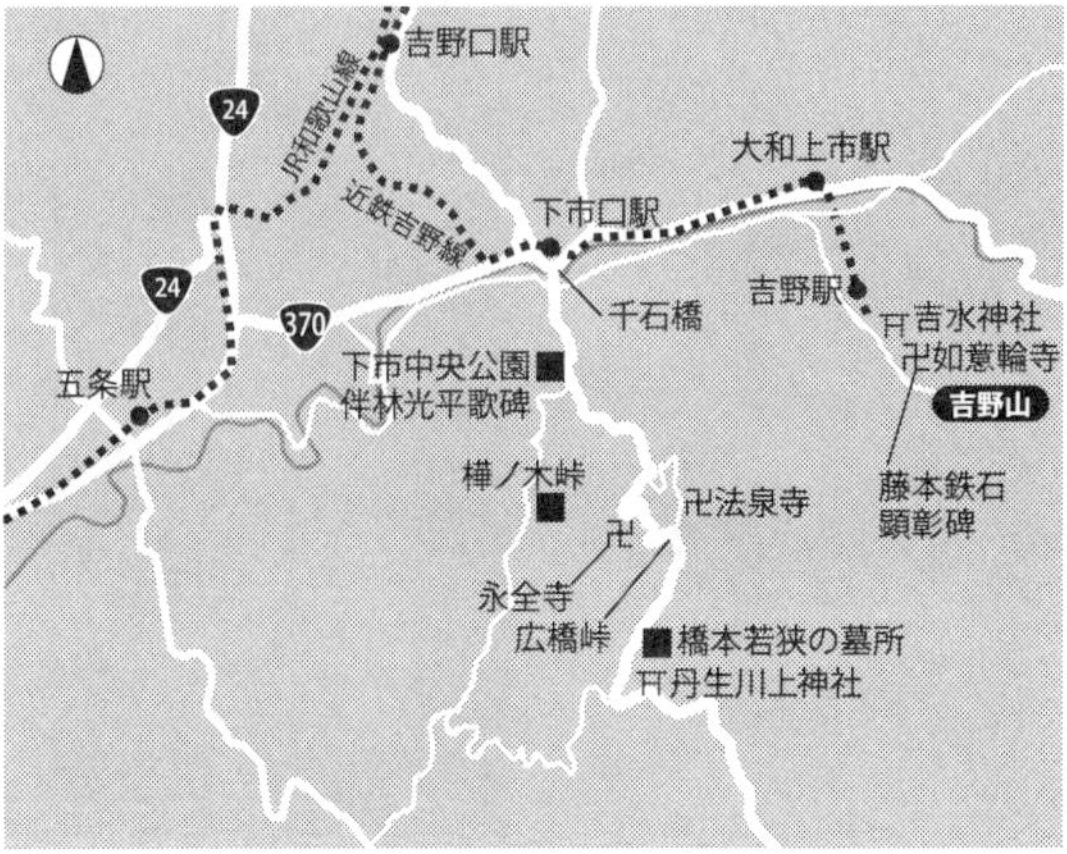

防衛前線、樺ノ木峠古戦場跡

白銀岳を本拠として、麓に築いた砦のひとつが樺ノ木峠である。峠道の左右の高台に砦を築き、河内勢水郡善之祐や農兵百名程度が守備にあたった。九月八日、朝から始まった彦根藩の攻撃に夕方近くまで防戦したが、彦根藩別動隊の急襲に、砦は陥落した。

樺ノ木峠の碑（栃原）

戦火に巻き込まれた法泉寺《ほうせんじ》

樺ノ木峠と同じく砦が築かれた場所で、奈良県三大梅林のひとつ「広橋梅林《ひろはしばいりん》」が有名である。眼下に下市の街並みを、遠くは五條や高取方面を見渡すことが出来、幕府軍の動きが手に取るように見えたに違いない。橋本若狭《はしもとわかさ》らは法泉寺に陣をおいて、郡山藩を相手に戦った。寺は戦火にかかり、周辺民家ともども焼失した。慶応三年（一八六七）、地元の人々により、いち早く本堂が再建されたが、戦火の傷が残る太鼓が、当時の混乱と被害を物語る。

樺ノ木峠（栃原）

法泉寺（広橋）

法泉寺にある戦禍を超えた太鼓

広橋峠（広橋）

永全寺《えいぜんじ》に砲弾が直撃

広橋峠の激戦の際、寺の北方向にあたる椎原峠《しいばらとうげ》から、追討軍が撃った大砲の砲弾が、永全寺本堂の壁を直撃し、その被弾跡が現在も残っている。境内には、昭和四十三年（一九六八）の明治百年を記念して建立された天誅組碑が建つ。地元出身で、のち上京して事業に成功した山本利右衛門なる人物が、個人で建立したというのが面白い。

顕彰碑（永全寺／栃本）

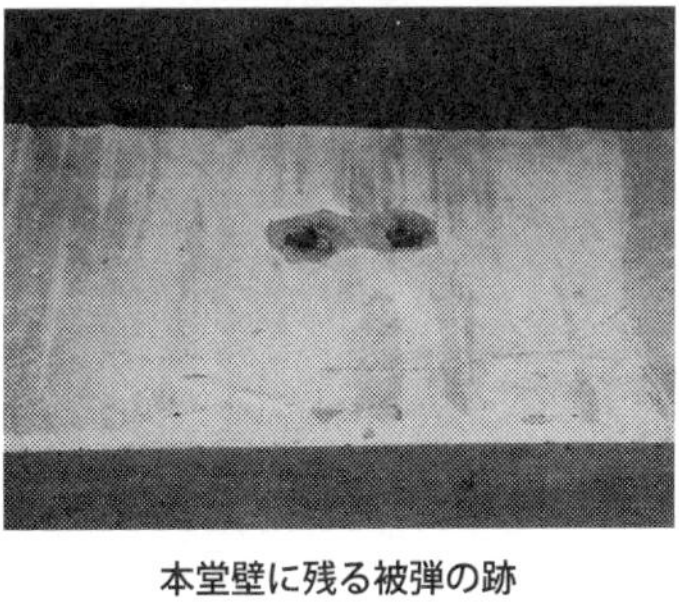
本堂壁に残る被弾の跡

下市町ゆかりの隊士

橋本若狭《はしもとわかさ》

文政五年（一八二二）、宇智郡滝村（五條市滝町）の益田籐左衛門《ますだとうざえもん》の四男として生まれ、諱を綱幸《つなゆき》、通称を籐馬《とうま》といった。京や大坂で剣・槍・薙刀・柔術などの武術全般を会得し「今弁慶」の異名をもつ。特に柔術を得意とし、「二葉天明流《ふたばてんめいりゅう》」という独自の流派を編み出している。万延元年（一八六〇）三月、三十九歳で、丹生神社六神官のひとつである橋本家へ婿養子に入り、丹生川上《にゅうかわかみ》神社下社の神官となり橋本若狭と名乗った。

天誅組に投じ、樺ノ木峠・栃原岳・広橋峠の要害に砦を築いて防衛指揮にあたり、下市町の彦根藩陣営の焼き討ちを敢行した。

東吉野村で本隊が壊滅状態になった際、別経路で京都へ脱出し、刈谷藩《かりやはん》へ逃れ、同志の村上忠順《むらかみただまさ》らに匿われた。翌年三月、大坂へ出て材木仲買商を偽装し、勤王活動を続けていたが、十一月二十九日に捕らえられ、慶応元年（一八六五）六月、処刑された。享年四十四。

天誅組 130 年を記念して建立された墓
若狭愛用の丹前などが納められている（長谷）

顕彰碑（丹生川上神社下社／長谷）

5. 勤王の誉れを受け継ぐ十津川村

ゆったりと流れる十津川《とつかわ》と幾重にも連なる山々は、秘境であり非日常的な世界にみえる。しかし、当時の彼らの心境は、それとは程遠いものだったに違いない。

天誅組は二度、この山間の地へ足を踏み入れている。一度目は、高取城攻めで返り討ちに合い、敗走した時で、このまま熊野《くまの》から脱出して後日再起を図ろうとする案が持ち上がった。二度目は、天ノ川辻本陣が包囲され、敗色濃厚となった時で、いずれも十津川郷を頼みとして命運を懸けたが、郷士たちに離反され、解散を決断せざるを得ない状況になり、事態は好転しなかった。迫りくるような雄大な山々の風景は、幕府軍にじりじりと包囲されていく現状が重なり、悲観的に見えただろう。

大峯山系の山並み

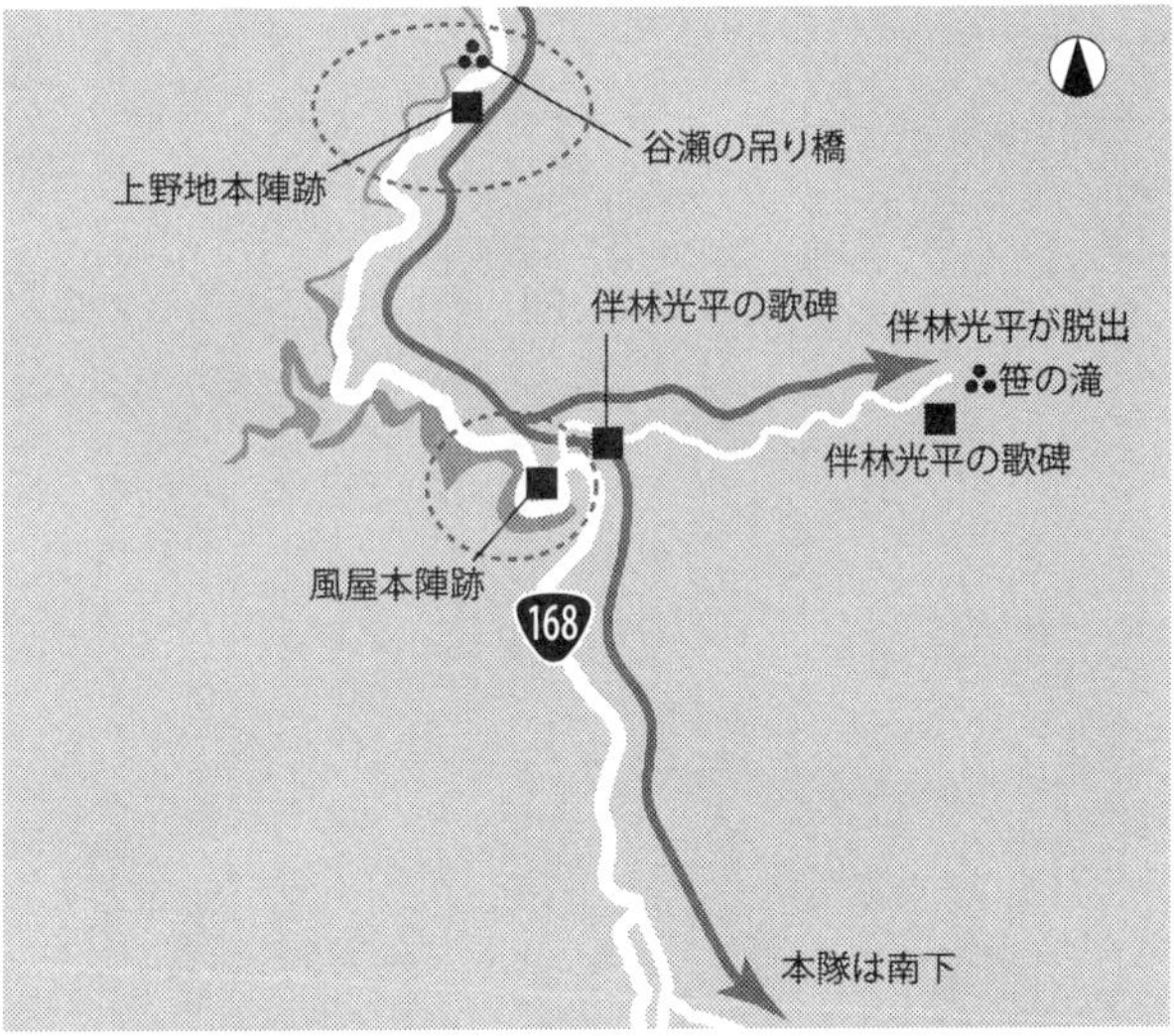
谷瀬の吊り橋
上野地本陣跡
伴林光平の歌碑
伴林光平が脱出
笹の滝
伴林光平の歌碑
風屋本陣跡
168
本隊は南下

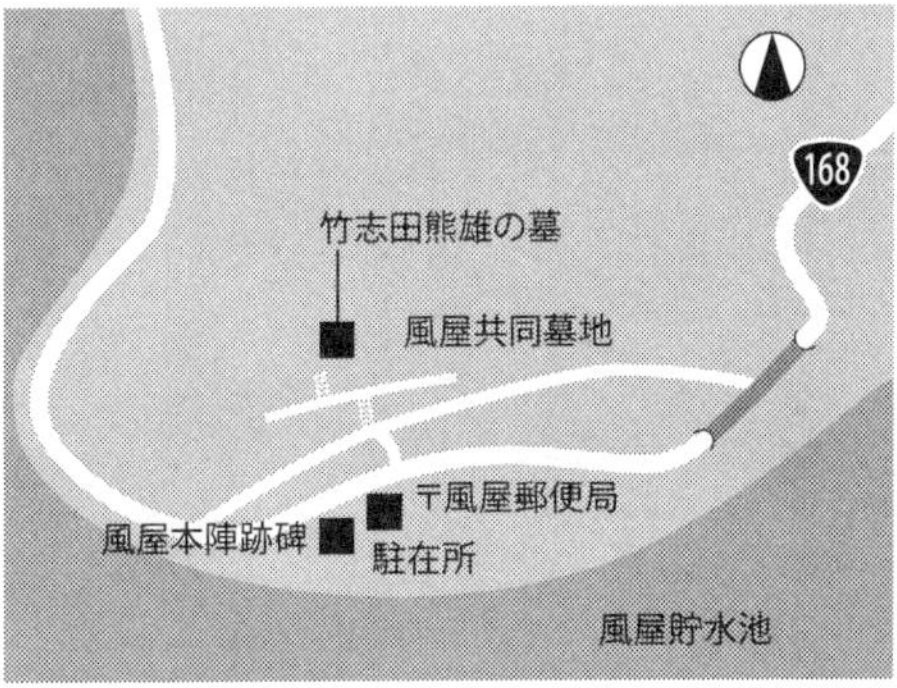
168
竹志田熊雄の墓
風屋共同墓地
〒風屋郵便局
風屋本陣跡碑
駐在所
風屋貯水池

解散の地、上野地《うえのじ》本陣跡

幕府軍の包囲網と、水郡善之祐ら河内勢を中心とする十三名の隊士が袂を別ったことから、本隊は十津川郷籠城の方針を固め、九月十三日に上野地へ着陣した。しかし翌日、郷士から離反を通告された。朝廷から天誅組討伐命令が出たこと、幕府軍に村々を包囲され戦場になれば日常生活が破壊されることが、その理由であった。十津川郷士の協力が得られなければ、籠城作戦は出来ない。何度かの話し合いののち、首脳陣は解散・郷外退去を決意した。

実際の本陣跡がどこかは確定されていないが、上野地本陣跡碑は、谷瀬《たにせ》の吊り橋の観光用駐車場にある。約四十日の行程の中で、最も苦悩と潔さが入り混じった場所である。

上野地本陣跡碑（上野地）

谷瀬の吊り橋
上野地本陣跡
（谷瀬の吊橋観光駐車場）
上野地トンネル
168
月谷キャンプ場
国王神社
玉堀為之進の歌碑

国王神社《こくおうじんじゃ》と玉堀為之進《たまほりためのしん》

国王神社は、後村上天皇の第一皇子長慶天皇《ちょうけいてんのう》が祀られる。文中二年（一三七三）、川底から不思議な光が差し、村人が調べたところ、長慶天皇の御首を発見したという。村では、丁重に埋葬して玉石を安置し南帝陵とした。

神社本殿前の二基の灯篭は、林村《はやしむら》庄屋玉堀為之進が寄進したものである。玉堀為之進は、温厚な人柄で言語爽やか、上品な人であったと伝えられる。郷士たちが天誅組の呼び掛けに応じて天ノ川辻へ参集したとき、勅命による皇軍であることを証明する勅書の提示を、天誅組側に求めたことから、軍規を乱すとして首を刎ねられた。五十三歳であった。境内の歌碑「国の為仇なす心なきものを仇となりしは恨みなりける」は、この時に詠んだといわれ、彼の無念さを伝えて余りある。

国王神社本殿（上野地）

玉堀為之進辞世の歌碑

玉堀為之進が寄進した灯篭

勤王志士、梅田雲浜《うめだうんぴん》顕彰碑

小浜藩出身の梅田雲浜は、崎門学派《きもんがくは》の正統を継いだ京都望楠軒《ぼうなんけん》の講主である。経世済民を掲げ、そのための国防や経済発展を説いた。禁裏を守る親兵の必要を感じ、十津川郷へ足を運び郷士の親兵養育に力を注いだことから、十津川との縁が深い。また、長州藩と上方の物産交易の途を開き、これが長州藩の財政を立て直すと同時に、勤王倒幕の原動力となった。安政六年（一八五九）、安政の大獄が始まると、真っ先に捕えられ、獄死した。享年四十五。平成八年（一九九六）、雲浜生誕一八〇年に、村教育委員会によって顕彰碑が建立された。

右端が梅田雲浜顕彰碑（川津）

風屋《かぜや》本陣跡で竹志田熊雄《たけしたくまお》が没す

上野地を引き払い、九月十六日に本陣を置いたのが風屋で、解散を決断した上野地に引き続き、ここでも悲運があった。肥後国出身の竹志田熊雄の病死である。終始、乾十郎の妻亥生の看護を受けながら本隊に付いてきたが、風屋滞陣中に二十一歳の若さで亡くなった。

本陣をおいた福寿院《ふくじゅいん》は、昭和三十五年（一九六〇）の風屋ダム建設によって湖底に沈んでおり、昭和六十三年、村教育委員会によってダムを望む地に本陣跡碑が建立された。

竹志田熊雄の墓は風屋共同墓地にある。

風屋本陣跡碑（風屋）

竹志田熊雄の墓（風屋）

早期脱出を図った武蔵《むさし》本陣跡

高取城攻撃で返り討ちに遭った本隊は、徹底抗戦の方針を変更して早々に十津川郷へ撤退した。主将中山忠光を守っていたこともあって、新宮へ出て船で長州藩へ渡り再起を図る脱出策がとられたのである。しかし、風屋に着いた時には、新宮を領する紀州藩家老水野家によって道筋が封鎖されてしまっていた。残された道は大峯山系を越えるしかなく、九月二日、本隊は武蔵へ移動した。滞在した光明寺は、かつて楠木正成《くすのきまさしげ》の孫正勝《まさかつ》の宅跡といわれている。明治六年（一八七三）に廃寺となり、跡地は昭和四十五年（一九七〇）まで武蔵小学校があった。

旧光明寺墓地に、楠木正勝と、織田信長家臣佐久間信盛《さくまのぶもり》の墓があるのも、ここだけ時間が止まっているかのようである。

旧武蔵小学校（武蔵）

陸軍大将、荒木貞夫《あらきさだお》終焉の地

皇道派の陸軍大将として知られる荒木貞夫が亡くなった地に建てられた、終焉の地碑。天誅組と二・二六事件の酷似性に興味を持っていた荒木は、昭和四十一年（一九六六）、十津川村を訪れて南朝や天誅組の古文書などを熟覧し、講演を行った。十一月一日夜、宿泊地の十津川荘で俄に心臓発作を起こし、佐藤栄作《さとうえいさく》首相への遺言を残して息を引き取った。享年八十九。のちに荒木家から十津川村へ軍刀が贈られ、これは現在、村立歴史民俗資料館に展示されている。終焉の地碑は一年後の昭和四十二年十一月二日に建てられたもので、字は佐藤栄作の書、裏面の碑文は東京裁判弁護人を務めた菅原裕《すがはらゆたか》による。

荒木貞夫終焉の地碑（小原）

伴林光平の釈迦ヶ岳《しゃかがたけ》越え

上野地での解散後、平岡鳩平に別行動での脱出を持ち掛けられた光平は、十津川郷士深瀬繁理《ふかせしげり》の案内で、内原《ないばら》の集落から笹の滝、釈迦ヶ岳を越えた。過酷な山越えは五十一歳の老体の体力、気力を奪っていったが、過酷な状況の中でも、美しい風景を歌に詠み、現代へ残した。その歌碑が二カ所に建てられており、当時と変わらない風景とともに、その道筋を辿ることができる。

滝川のほとりに建つ伴林光平の歌碑
「世を棄ててくまばや汲まん白菊の花の中ゆく瀧川の水」

笹の滝入口に建つ伴林光平の歌碑
「世にしらぬあはれをこめてしぐるらん小笹の瀧のありあけの月」

日本の滝百選のひとつ、笹の滝（内原）

義を貫いた十津川郷士たち
野崎主計《のざきかずえ》

　文政七年（一八二四）生まれの川津《かわつ》の庄屋で、若い頃は病で動くことが出来ず、勉学に明けくれ、十津川一の物識りとなった人物である。安政初年頃に上京し、梅田雲浜をはじめ多くの尊王派志士たちと交流をもち、リーダーのひとりとして郷を率いた。吉村虎太郎が来郷したときに会見し、協力体制を整えてともに戦った。しかし京都にいた同志たちから、天誅組が賊軍扱いになっていることと、加担している自分たちも朝敵にされていると聞くと、村を守るため、天誅組と決別するという苦悩の決断をした。風屋本陣を引き払っていく一行を見届けた後、村々を戦に巻き込んだ責任を取って、自刃して果てた。享年四十。辞世は「討つ人も討たるる人も心せよ同じ御国《みくに》の御民《みたみ》なりせば」。

野崎主計の墓所（川津）

野崎主計の歌碑（旧川津小学校／川津）

深瀬繁理《ふかせしげり》

文政九年（一八二六）、重里《しげさと》生まれ。嘉永年間頃から諸国を遊歴し、梅田雲浜らの志士たちと交流し見識を広めた人物である。

天誅組の十津川郷退去の際、本隊と別行動をとった伴林光平らの脱出を助けて、内原から釈迦ヶ岳を越えて前鬼《ぜんき》、白川へ案内をしていった。天誅組を見送った後、追ってきた津藩に捕えられ、北山川の河原で斬首せられた。遺骸は郷士たちによって郷里へ運ばれ、埋葬された。享年三十八。

辞世は「あだし野の露と消えゆくもののふの都に残す大和魂」。

深瀬家の墓所と顕彰碑、歌碑（重里／重里郵便局横）

田中主馬蔵《しゅめぞう》

天保三年（一八三二）、上湯川《かみゆかわ》生まれ。文久三年、十津川郷の由緒復古を上奏し、禁裏御守衛《きんりごしゅえい》の任を実現させたリーダーのひとりである。野崎主計らとともに天誅組に協力して戦ってきたが、紀州藩に捕えられ、和歌山の獄舎へ送還せられた。

この間、河内勢水郡善之祐らが本隊と決別し、主馬蔵を頼って上湯川へきたが、既に捕えられた後で、善之祐らは、天誅組追討命令を受けていた村人たちによって爆殺の憂き目に合い、かろうじて紀州藩領小又川村《こまたがわ》（田辺市龍神村《たなべしりゅうじんむら》）へ逃れている。

十月、許されて帰郷した主馬蔵は、その後も京都と郷里を往復して勤王活動を続け、土佐の田中光顕《たなかみつあき》を匿うなどしていたが、慶応元年（一八六五）、七卿召喚運動にかかわった嫌疑で京都町奉行に捕えられた。

翌年、疑いが晴れて帰郷したが、獄中での病が原因で本宮《ほんぐう》で没した。享年三十五。辞世は「ことかたの黄泉《よみ》ひろ坂こゆるともなほ君が代をまもらしものを」。

田中光顕の歌碑

田中光顕は、天保十四年（一八四三）、高知県佐川町《さかわちょう》出身の志士であり那須信吾《なすしんご》の甥。土佐勤王党に参加し、文久三年八月十八日の政変後、脱藩した。元治元年（一八六四）、井原応輔《いはらおうすけ》・橋本鉄猪《はしもとてつい》・那須盛馬《なすもりま》らと、大坂かく乱を計画したが失敗し、十津川郷へ亡命して田中主馬蔵邸へ匿われた。のち長州へ出て高杉晋作《たかすぎしんさく》や中岡慎太郎《なかおかしんたろう》らの知遇を得て、陸援隊《りくえんたい》幹部となり、高野山《こうやさん》義挙や鳥羽伏見の戦いなどで活躍した。明治維新後は、特命全権大使岩倉具視《いわくらともみ》の随員となり欧米諸国を巡遊し、元老院議官・会計監査院長・警視総監・学習院長・宮内大臣等を歴任した。昭和十二年（一九三七）、主馬蔵の縁故者により、田中主馬蔵邸へ滞在していた記念として歌碑が建立された。晩年は志士たちの顕彰に力を注ぎ、昭和十四年（一九三九）、九十七歳で没している。

田中主馬蔵宅跡（上湯川／大桧曽バス停北）

田中光顕の歌碑
「父母のすみます國は見えながらふみもゆるさぬ関守は誰そ」

6. 後南朝が脈うつ下北山村《しもきたやまむら》・上北山村《かみきたやまむら》・川上村《かわかみむら》

十津川村からの退却を決断した一行は、大峯山系のひとつ笠捨山《かさすてやま》を越えて下北山村へ出る。この行程には丸二日かかっており、記録に「人跡の絶えたるところ、鳥獣の及ばざるところ」と記されているように、標高一三五二メートルの山越えに、屈強な隊士たちもさすがに疲労困憊であった。現在、国道四二五号が通っており、十津川村役場から下北山村浦向《うらむかい》まで、車で一時間半程で行ける。浦向から池原へ出れば、東熊野街道である。伯母峰峠《おばみねとうげ》から南方の眺望は素晴らしいが、過酷な山間地を彼らが越えてきたと思うと、その体力と精神力が、現代人とは格段に違うことを痛感する。後方からは幕府軍が迫っており、前へ進むしかなく、その姿は、周到に張り巡らされた罠に嵌まっていくかのように見える。

伴林光平らが下ってきた前鬼川（下北山村前鬼）

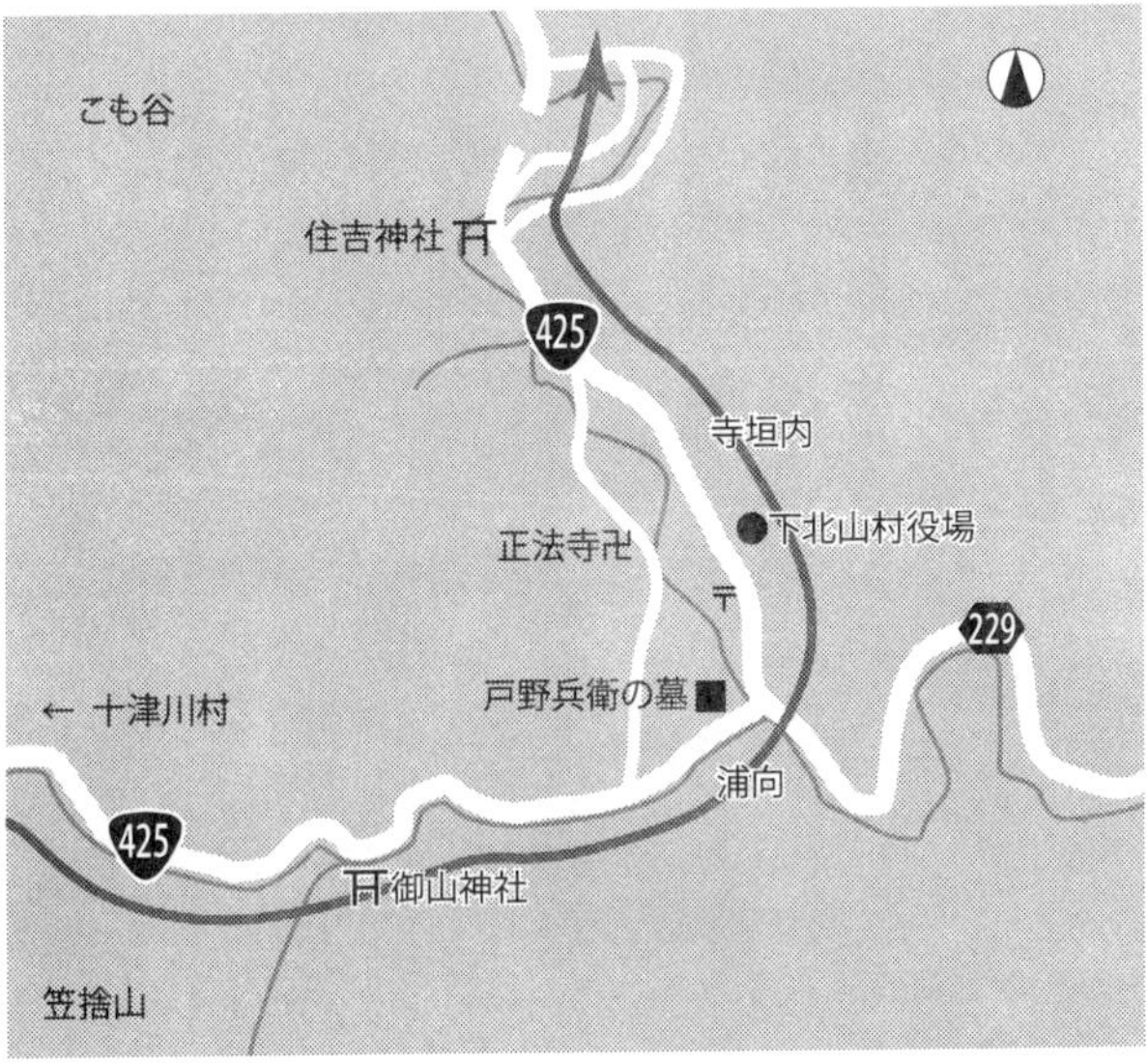
こも谷
住吉神社
425
寺垣内
下北山村役場
正法寺
229
戸野兵衛の墓
← 十津川村
浦向
425
御山神社
笠捨山

峻険を越えて辿りついた正法寺《しょうぼうじ》

笠捨山を越えてきた本隊は、九月二十日に浦向に到着すると、正法寺と浦向兵助《うらむかいひょうすけ》宅へ分宿した。

正法寺は、大塔宮護良親王《おおとうのみやもりよししんのう》の行在所恵日院《けいにちいん》で、南朝の忠臣戸野兵衛《とのひょうえ》が、鎌倉で殺害された護良親王の冥福を祈って過ごした寺である。山門には、天誅組隊士が滞在中につけたと伝わる槍傷が残される。十津川郷という居所を追われ、行末を案じたものか、まだまだ志気高く、死に花を咲かせる勢いだったのか、胸中は複雑だったに違いない。

休息を取った一行は、追われるように東熊野街道を北上していく。

正法寺（下北山村寺垣内）

伴林光平が立ち寄った前鬼《ぜんき》の里

　修験道の開祖役行者《えんのぎょうじゃ》によって開かれた修験根本道場大峯奥駈道《おおみねおくがけみち》の、二十九番目の靡《なびき》が前鬼山である。前鬼、後鬼《ごき》の夫婦が「大峯修行者のために峯中を守護し山伏たちの先達をせよ」との役行者の言葉を守り、両鬼の子孫五家（五鬼熊《ごきくま》・五鬼童《ごきどう》・五鬼上《ごきじょう》・五鬼継《ごきつぐ》・五鬼助《ごきじょ》）のみが前鬼の里に住み、修験道を守ってきた、伝説の地である。現在は、五鬼助家一軒だけが小仲坊《おなかぼう》という宿坊を営んでいる。

　解散によって本隊と別行動をとった伴林光平らの一行は、風屋から嫁越峠《よめこしとうげ》を越え前鬼へ下ると、いずれかの宿坊で、ようやく疲れを癒した。

前鬼の宿坊跡に残る石垣（下北山村前鬼）

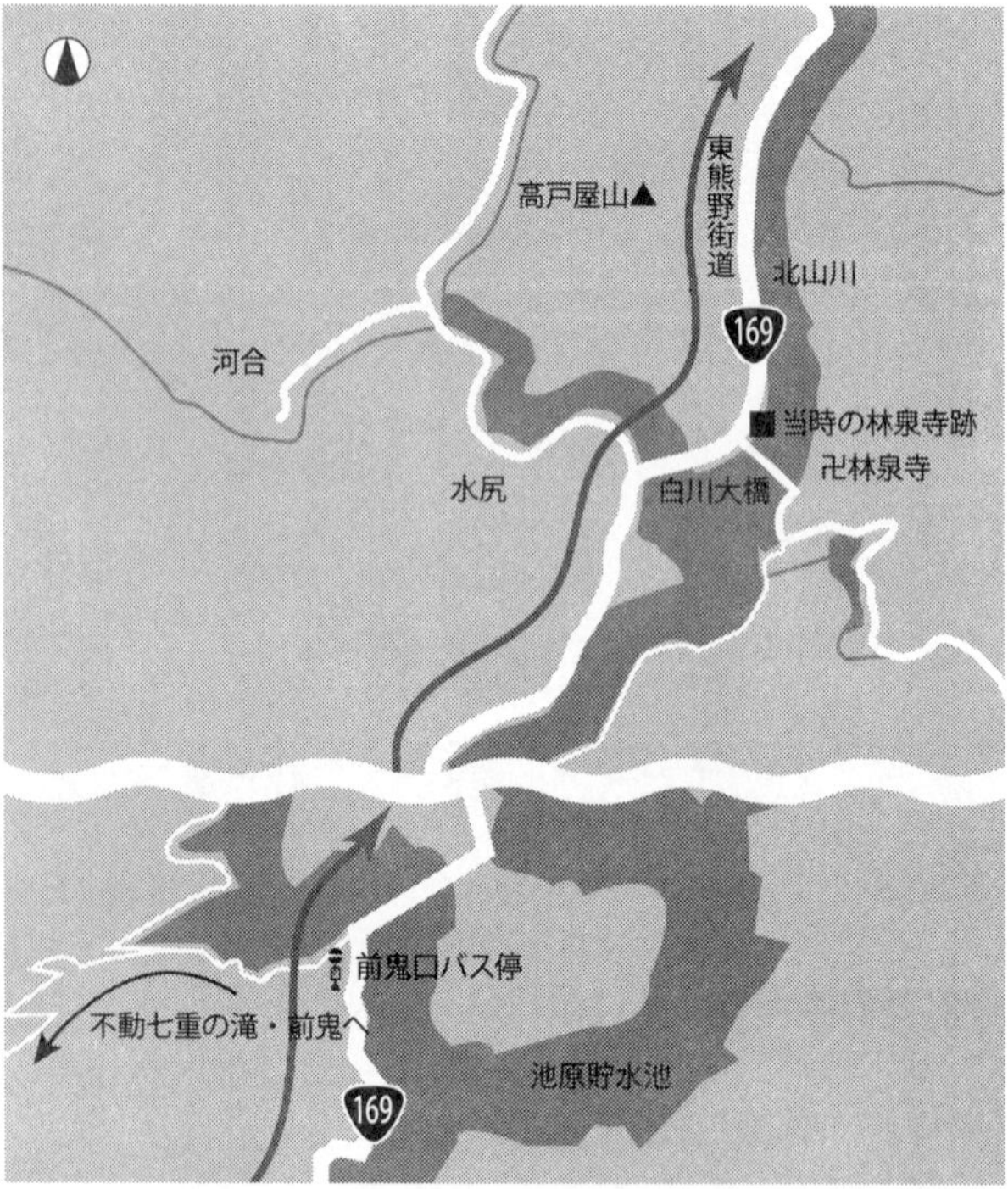
高戸屋山▲
東熊野街道
北山川
169
河合
当時の林泉寺跡
卍林泉寺
水尻
白川大橋
前鬼口バス停
不動七重の滝・前鬼へ
池原貯水池
169

林泉寺《りんせんじ》の本堂に火を放つ

　東熊野街道を北上してきた本隊は、九月二十一日夜、白川村林泉寺に到着した。滞在中、村の人足らが、追撃してきた津藩兵に捕えられる出来事があり、村人たちは一人残らず山中へ逃げ隠れた。駕籠や荷駄を運ぶ人足なしでは、この先の軍行は困難で、隊士たちは甲冑や武器などを、寺の本堂もろとも焼き払った。

　現在の林泉寺は、池原ダムの建設によって移転したものであるが、貯水池の水かさが少なくなると、水の中から、当時の寺跡が姿を現す。本堂敷地に積まれた石垣や、長い石段などから、隊士たちの姿が見えそうだ。

池原貯水池から姿を表す当時の林泉寺跡（上北山村白川）

伯母峰《おばみね》峠と地蔵堂

本隊より先に脱出を図った伴林光平らは、九月十八日に白川村で泊まり、十九日は、夜通し歩き続けて伯母峰峠を越えた。河合《かわい》から辻堂山《つじどうやま》へ続く東熊野街道の山中「堂の辻」に、旅の安全を守る地蔵堂があった。光平は、夜半に地蔵堂で休息をとり、「山風にたぐふ真神《まがみ》の声ききて寝られんものか谷の萱原《かやはら》」と歌を詠んでいる。東熊野街道最大の難所である伯母峰峠は、山風とともに狼の遠吠えが聞こえてくる、深山幽谷であった。自らの先行きを思うと、一層の闇を感じたことだろう。

現在、この地蔵堂は国道一六九号の新伯母峰トンネル南出口へ移されている。

伯母峰地蔵堂（上北山村西原）

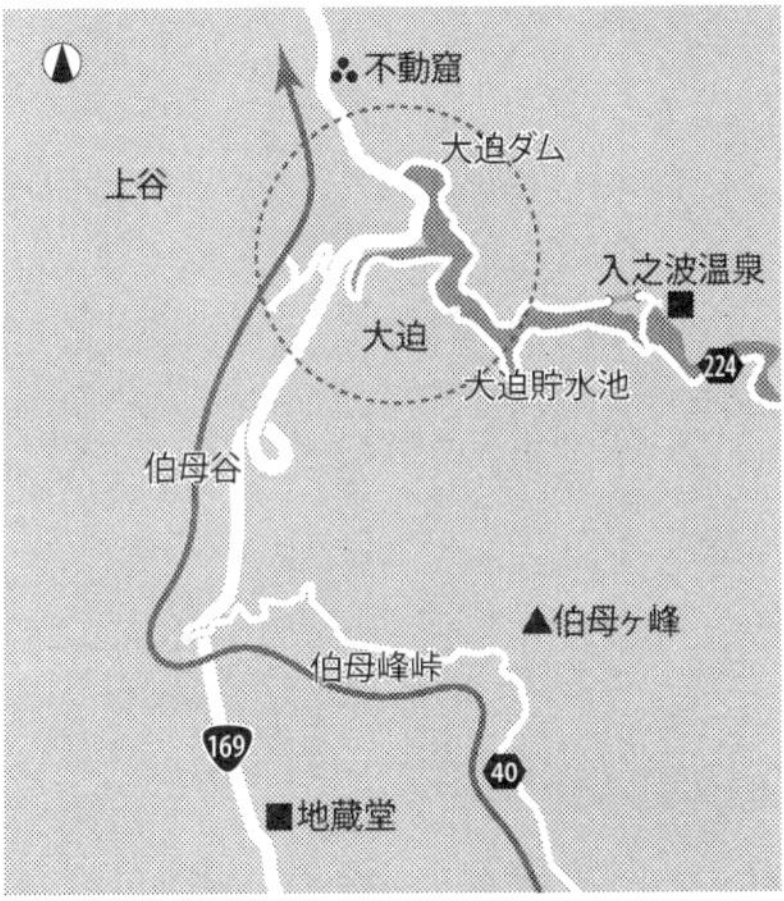
不動窟
大迫ダム
上谷
入之波温泉
大迫
224
大迫貯水池
伯母谷
伯母ヶ峰
伯母峰峠
169
40
地蔵堂

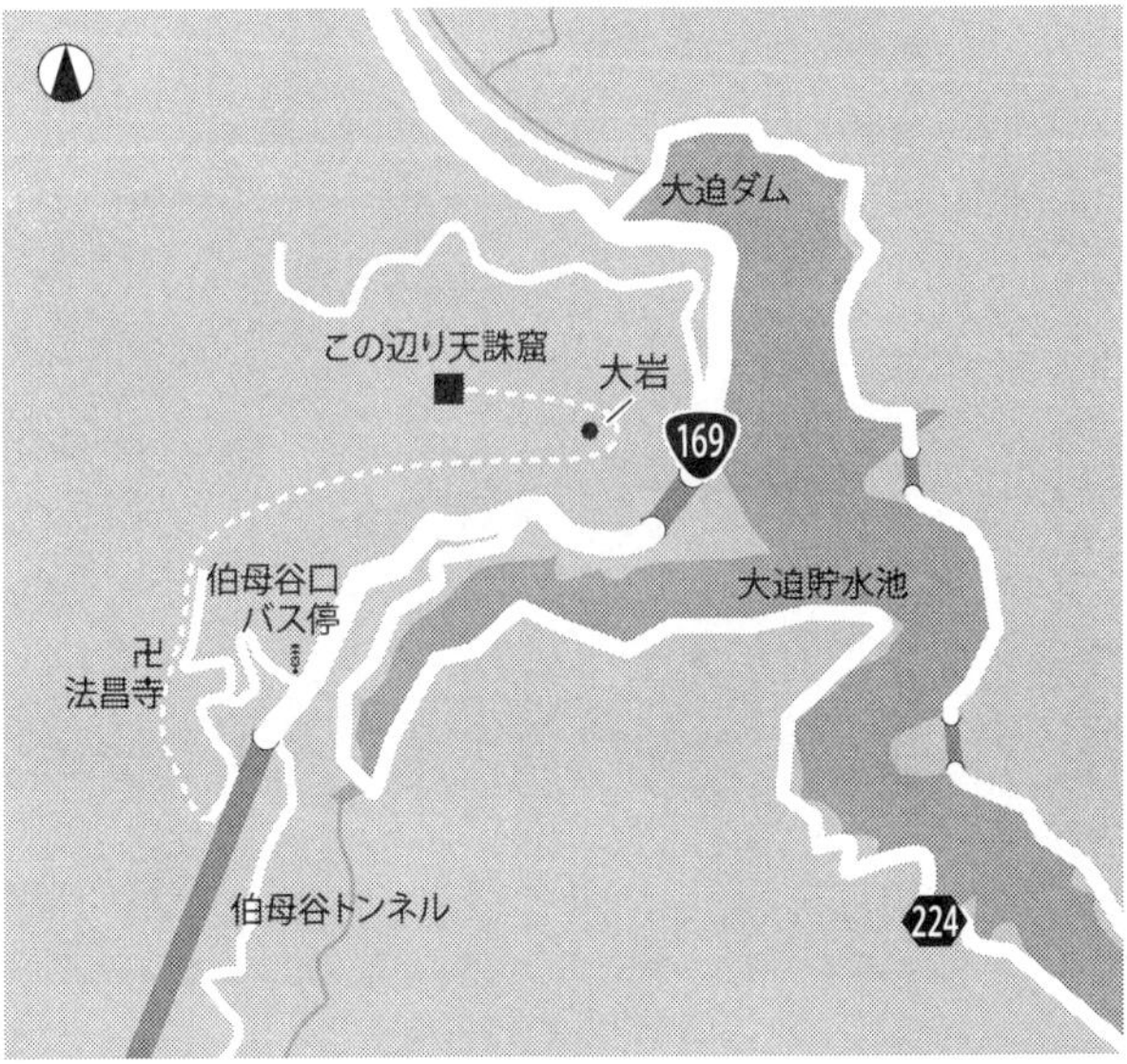
大迫ダム
この辺り天誅窟
大岩
169
大迫貯水池
伯母谷口
バス停
卍
法昌寺
伯母谷トンネル
224

後南朝の里、法昌寺《ほうしょうじ》へ

法昌寺へ本隊が入ったのは、九月二十三日夕方である。駕籠に乗る病傷の隊士たちはまだ道途中であった。先に到着した隊士たちは、この先に紀州藩兵が出陣しているとの知らせを聞いて、僅かな休息のみで出立しなければならなかった。

法昌寺は、後南朝の忠臣のひとり橘将監《たちばなしょうげん》の開基と伝わる。将監は、赤松氏の残党が北山御所を襲撃して、南朝の後裔尊秀王《そんしゅうおう》・忠義王《ちゅうぎおう》の首と神璽《しんじ》を奪った時、これを追跡して取り戻したとされる。隊士たちも、おそらく将監のような活躍で、尊王攘夷を果たしたい思いであったのだろう。

法昌寺（川上村伯母谷）

小川佐吉らが匿われた天誅窟

病傷隊士たちの世話は、伯母谷《おばたに》や上谷《こうだに》、大迫《おおさこ》の村々の庄屋たちに任せられた。村人たちは、幕府軍の探索の届かない山小屋などに彼らを匿い看病をしたのである。中でも、重病であった久留米藩士小川佐吉《おがわさきち》と、その付き添いで残った医者乾十郎が、庄屋水本茂十郎の世話で潜伏したのが、俗に「天誅窟」とよばれている洞窟で、伯母谷の山中にある。暗澹たる思いであっただろう。二人は約六十日間、ここで隠れ過ごした。

小川佐吉は、洞窟での療養の後、長州へ行き、禁門の変や幕長戦争の銃下を潜り抜けたが、明治維新を目前にした鳥羽伏見の戦いで負傷し、それがもとで死去した。

天誅窟へ向かう山道（川上村伯母谷）

天誅窟の方向に見える御神体の大岩「御塔さん」を目標に進む

天誅窟内部

7. 終焉の地、東吉野村

天誅組を知り、その史跡へ行ってみようという人の殆どが、まず、ここを訪れるだろう。決死隊が奮戦し、三人の総裁をはじめ多くの隊士たちが、それぞれ壮絶な最期を遂げた地。村の人々は、戦死した彼らを埋葬し墓を建立した。そして彼らが何を志して行動し、この村へ来て戦い死んでいったのか、その足跡を細かく調べ、あらゆる場所に碑を建て看板を建て、花を供えて天誅組の存在を今へ伝えてきた。

村を訪れると、隊士たちの壮絶な戦いの痕跡とともに、村の人々の顕彰の思いが伝わってくる。碑や看板を目にすると、これらを建て約一五〇年の長きに亘って、墓守を続けていることに、感銘を受ける。変わらない風景、変わらない人々の心。隊士たちにとっても訪れる者にとっても、聖地といえよう。

天誅組終焉の地（鷲家）

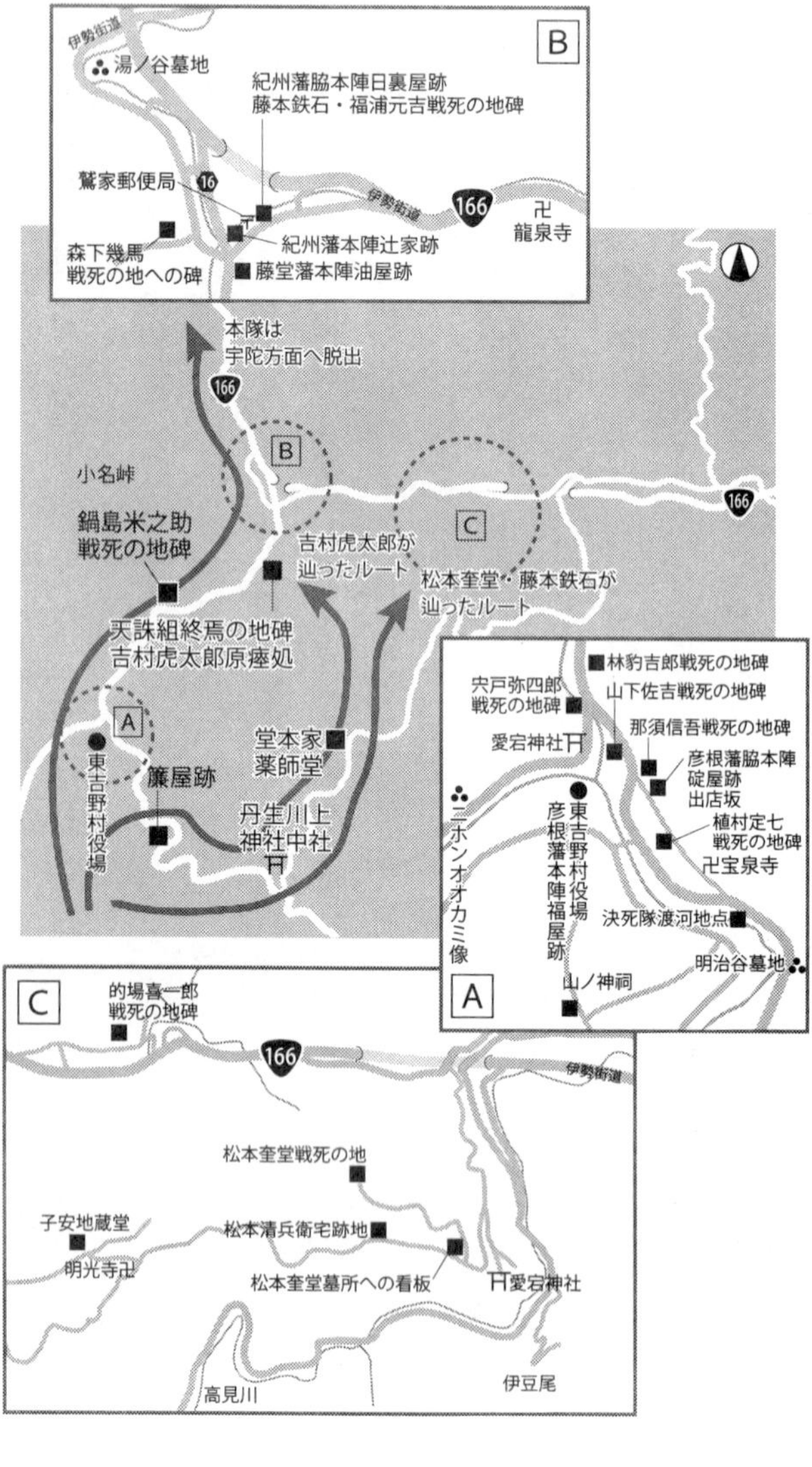
B
伊勢街道
湯ノ谷墓地
紀州藩脇本陣日裏屋跡
藤本鉄石・福浦元吉戦死の地碑
鷲家郵便局
16
166
伊勢街道
卍
龍泉寺
森下幾馬
戦死の地への碑
紀州藩本陣辻家跡
藤堂藩本陣油屋跡
本隊は
宇陀方面へ脱出
166
B
小名峠
鍋島米之助
戦死の地碑
C
166
吉村虎太郎が
辿ったルート
松本奎堂・藤本鉄石が
辿ったルート
天誅組終焉の地碑
吉村虎太郎原瘞処
A
東吉野村役場
簾屋跡
堂本家
薬師堂
丹生川上
神社中社
林豹吉郎戦死の地碑
宍戸弥四郎
戦死の地碑
山下佐吉戦死の地碑
那須信吾戦死の地碑
愛宕神社
彦根藩脇本陣
碇屋跡
出店坂
ニホンオオカミ像
東吉野村役場
彦根藩本陣福屋跡
植村定七
戦死の地碑
卍宝泉寺
決死隊渡河地点
明治谷墓地
山ノ神祠
A
C
的場喜一郎
戦死の地碑
166
伊勢街道
松本奎堂戦死の地
子安地蔵堂
松本清兵衛宅跡地
明光寺卍
松本奎堂墓所への看板
愛宕神社
伊豆尾
高見川

敵陣へ斬り込んだ決死隊

　九月二十四日夕方、隊士の中から決死隊が編成された。本隊を無事に逃がすため、敢えて囮となり敵陣へ突入することを選んだ若い隊士たちである。彼らは高見川を渡ると、宝泉寺を目指した。境内で警戒にあたっていた彦根藩兵を蹴散らすと、出店坂から同藩脇本陣へ突撃した。

　宝泉寺は鷲家口周辺で戦死した隊士たちの菩提寺となり、「天誅組義士記念」碑は、元土佐藩士土方久元《ひじかたひさもと》の書になるもので、大正二年に建立された。静けさに包まれた中から、彼らの最期の足音が聞こえてくるようだ。

決死隊が渡河した場所（小川）

宝泉寺（小川）

天誅組義士記念の碑（宝泉寺／小川）

本隊が彦根藩本陣へ突撃

彦根藩は本陣を福屋（現在の東吉野村役場）に構え、天誅組を待ち受けていた。銃撃や物音から、決死隊が宝泉寺から脇本陣へ突入したことを知った本隊は、南側の山間から彦根藩本陣へ突入し、出合橋へ向かった。決死隊の犠牲を無駄にすまいと、敵陣突破を第一として駆け続けた。橋を渡った辺りで、天保高殿、西田仁兵衛が戦死したとされ、すさまじい戦いだったようだ。

高見川。右手が小川の集落。

天誅組がモチーフになっている出合橋の図柄（小川）

天保高殿と西田仁兵衛の戦死の地碑（小川）

出店坂《でみせざか》で植村定七《うえむらさだしち》が戦死

宝泉寺前から決死隊が突入してきた、との通報に、脇本陣から彦根藩兵が駆け付けて、狙撃体制を整え始めた。出店坂は、宝泉寺から彦根藩脇本陣碇屋《いかりや》へ続く四郷街道《しごうかいどう》の坂道で、植村定七が彦根藩歩兵頭伊藤弥左衛門を討ち取ったが、直後に狙撃されて倒れた。

出店坂（小川）

植村定七戦死の地碑（小川）

彦根藩脇本陣前での激戦

彦根藩が脇本陣を置いた碇屋前を一旦通過した那須信吾《なすしんご》は、四条屋附近で彦根藩士大舘孫左衛門《おおだてまござえもん》を討ち取った。きびすを返して碇屋前で戦ううち、狙撃されて戦死した。

那須信吾は、文政十二年（一八二九）、土佐国佐川村の生まれ。甥に田中光顕がいる。医者を志していたが、長身で体格が良く、見込まれて梼原《ゆすはら》の槍術家那須俊平《なすしゅんぺい》の養子となった。土佐勤王党に加盟し、文久二年（一八六二）四月、参政吉田東洋《よしだとうよう》を暗殺して脱藩した経歴を持つ。常に前線で戦い続けた、屈強な若者であった。

那須信吾戦死の地碑（小川）

千代橋で奮戦した宍戸弥四郎《ししどやしろう》

碇屋《いかりや》前を突破した決死隊のうち、宍戸弥四郎は千代橋の上で敵に囲まれて奮戦中、鷲家川《わしかかわ》に転落したところを、狙撃された。

宍戸弥四郎は刈谷藩士。天保四年（一八三三）生まれで、山鹿流《やまがりゅう》兵学を修め、藩の練兵に尽力した。安政六年（一八五九）に致仕して以後、上京して志士たちと交流を深めた。同藩の松本奎堂とともに天誅組へ加わり、知識を生かして合図掛を務めた。宍戸の懐には埋葬費と書かれた十両があり、気概に感じ入った彦根藩士が、自身の菩提寺へ宍戸の墓を建立したとされる。

宍戸弥四郎戦死の地碑（小川）

林豹吉郎《はやしひょうきちろう》が紙屋前で倒れる

決死隊のひとり林豹吉郎は、紙屋重兵衛《かみやじゅうべえ》宅前で戦死した。

文政三年（一八二〇）、大和国宇陀郡拾生村《うだぐんひろおむら》の町人の生まれで、鋳物師の父の影響もあり、製砲技術や蘭学を学ぶために、大坂適塾《てきじゅく》の炊事夫となって、働きながら習得した。のち韮山《にらやま》代官江川太郎左衛門《えがわたろうざえもん》の学僕となり、研鑽を積み、郡山藩に招聘されて大砲の鋳造を行っている。天誅組では兵糧方の任であったが、木製大砲の製造に関わった。この戦死の地は、故郷の宇陀まで、直線距離で僅か十キロであった。

林豹吉郎戦死の地碑（小川）

林豹吉郎の生誕地碑（宇陀市大宇陀拾生）

林豹吉郎顕彰碑
（慶恩寺／宇陀市大宇陀春日）

鍋島米之助《なべしまよねのすけ》が潜伏した辰巳屋

　彦根藩の陣所を次々と斬り抜けた鍋島米之助は、一ノ谷口《いちのたにぐち》まで来て、辰巳屋友七《たつみやともしち》の納屋へ潜伏した。しかし翌朝、家の者に見つかり密告され、津藩兵の銃弾に倒れた。

小名峠で捕縛された島村省吾《しまむらしょうご》

　鍋島米之助が戦死した辰巳屋から、小名峠《こなとうげ》へ登る道がある。島村省吾は峠頂上の薪小屋で休んでいたところを、津藩兵に捕えられた。天保十五年（一八四四）、土佐国安芸郡羽根村生まれで、砲術を学び江戸へ遊学するなど、文武に優れた。京都藩邸で諸藩との周旋に活躍していたが、脱藩して天誅組に投じた。

鍋島米之助戦死の地碑（小川）

島村省吾が辿った道（小川）

四条屋前で山下佐吉《やましたさきち》が戦死

吉村虎太郎に付き添っていた山下佐吉は、九月二十六日夜に別行動を取り、鷲家口四条屋前にいたところを、彦根藩兵に発見され、戦死した。山下佐吉は、安田鉄蔵、また岡見鉄蔵ともいい、高取藩士といわれる。

山下佐吉戦死の地碑（小川）

隊士が潜伏した松本清兵衛《まつもとせいべえ》宅跡

九月二十四日夜、藤本鉄石・松本奎堂らの一行は、本隊より遅れて足ノ郷峠《あしのごうとうげ》を越えると、丹生川上神社へ下り、御殿越《ごてんご》しの山道を越えて松本清兵衛宅へ潜伏した。しかし、紀州藩による捜索が厳しく、二十五日朝、一行が出発した直後に、松本家は包囲された。

地蔵堂前で松本奎堂が孤立する

松本家を後にした藤本鉄石と松本奎堂は、鷲家《わしか》方面へ向かった。御殿越しの峠にある萩原の地蔵堂へ差し掛かった時、紀州藩が庄屋松本家へ向けて発砲した銃声が聞こえ、人足は奎堂の乗る駕籠を、地蔵堂前へ置いて逃げ去った。

松本清兵衛宅跡（伊豆尾）

地蔵堂（萩原）

山中で討たれた松本奎堂

両眼とも視力が殆どない状態で、地蔵堂前に置き去りにされた松本奎堂は、尾根沿いに東へ進んだが、追跡してきた紀州藩兵に討たれた。山中にある碑は、昭和十七年（一九四二）刈谷町（現在の刈谷市）が建立したもの。村上万吉という従者が最後まで付いていたとされ、万吉の顕彰碑や、松本奎堂の辞世の歌碑なども建てられている。

紀州藩士的場《まとば》喜一郎《きいちろう》を倒す

松本奎堂より先に御殿越しを進んだ藤本鉄石は、岩本谷《いわもとだに》を下って伊勢南街道へ出た。紀州藩兵が付近を警戒しており、藤本と従者福浦元吉《ふくうらもときち》は、紀州藩士的場喜一郎と遭遇し、血戦となった。的場を倒した二人は、鷲家へと走った。的場の墓は、のちに、天誅組菩提寺のひとつ龍泉寺に建てられている。

松本奎堂戦死の地碑（伊豆尾）

的場喜一郎戦死の地碑（鷲家）

鷲家の紀州藩本陣跡

大庄屋辻四郎三郎《つじしろうさぶろう》の屋敷で、紀州藩家老山高左近《やまたかさこん》が布陣した。鷲家は、元和五年（一六一九）から紀州藩領で、参勤交代の道筋として本陣が置かれ、伊勢参りの旅人などで賑わう宿場町であった。

紀州藩本陣跡（鷲家）

津藩、油屋に布陣す

津藩兵が布陣した油屋忠兵衛の屋敷。十津川郷から追尾してきた津藩は、九月二十六日に、この屋敷で体制を整えた。決死隊は二日前に壊滅し、中山忠光の本隊は、その隙に敵陣を潜り抜けて小名峠《こなとうげ》を越えており、前日の二十五日には同村の紀州藩脇本陣へ藤本鉄石らが斬り込み、戦死したばかりであった。津藩の兵たちは、各地に散らばった天誅組隊士の捜索を開始した。

津藩本陣跡（鷲家）

藤本鉄石が斬り込んだ日裏屋《ひうらや》

紀州藩の脇本陣がおかれた日裏屋へ、的場喜一郎を倒した藤本鉄石、福浦元吉が斬り込み、数十人を相手に戦い壮絶な戦死を遂げた。

福浦元吉は、文政十二年（一八二九）、淡路島の福良浦の生まれで、阿波の剣豪梶浦四方之助《かじうらよものすけ》の門人。津井の豪商古東領左衛門《ことうりょうざえもん》の男衆として働く中で、古東と親交のあった藤本鉄石に共感し、藤本に付いて勤王活動に従事し、最後まで側を離れず死をともにした。

藤本鉄石、福浦元吉戦死の地碑（鷲家）

隊士たちの菩提寺、龍泉寺

鷲家周辺で戦死した吉村虎太郎・松本奎堂・藤本鉄石・森下幾馬・森下儀之助・福浦元吉、紀州藩士的場喜一郎の菩提寺。的場の墓は、鷲家区の人々によって昭和三十七年（一九六二）に建立された。寺の入り口に藤本鉄石の辞世の歌碑がある。

的場喜一郎の墓（鷲家）

藤本鉄石の辞世の歌碑（鷲家）

吉村虎太郎が休息した簾屋《すだれや》跡

高取城夜襲の際に負った傷で、終始駕籠での移動を余儀なくされていた吉村虎太郎は、足ノ郷峠を遅れて越えた。山の神の祠付近まで来た時、鷲家口方面に篝火がさかんに焚かれているのが見え、銃声が響き、恐れをなした駕籠かき人足に、祠の前で逃げられた。付き添っていた山下佐吉、山崎吉三郎とともに小村《おむら》へ出ると、九月二十四日宵、簾屋へ立ち寄り僅かな休息をした。幕府軍が布陣し、村内に緊張が高まる中、隊士たちの身の置き所はなくなってくる。それでも、彼らに助けの手を差し伸べる村人たちがいた。

簾屋跡（小村）

吉村虎太郎が匿われた堂本孫兵衛《どうもとまごべえ》宅

簾屋で人足の提供を受けた吉村虎太郎の一行は、御殿越しを通って、九月二十四日夜中、木津川《こつかわ》の庄屋堂本家へ潜伏した。蔵の二階に匿われたが、幕府軍の捜索の手が伸びており、翌二十五日に隣の薬師堂天井裏へ身を隠した。二十六日深夜、薬師堂を出ると、世話になった礼として銀製の陣中箸を置き、堂本家を辞した。

堂本家の蔵（木津川）

薬師堂（木津川）

津藩に包囲され吉村虎太郎が戦死

堂本家を出た吉村虎太郎らは、御殿越しの道を越えて、鷲家口と鷲家の間の、石の本谷へ下り、二十七日明け方頃、鷲家川沿いの小屋で休息を取った。これは原瘞処《げんえいどころ》から下流へ約三十メートルほどの場所にあったとされる。小屋の持ち主に発見され、通報された虎太郎は、前日に鷲家へ布陣していた津藩金谷健吉隊によって包囲され、討たれた。

吉村虎太郎原瘞処（鷲家）

吉村虎太郎の歌碑（鷲家）

隊士たちが眠る明治谷墓地、湯ノ谷墓地

明治谷墓地（小川）

湯ノ谷墓地（鷲家）

8. 脱出を図った桜井市・天理市

主将中山忠光ら十八名の隊士は、東吉野村から桜井へ逃れてきた。ここまで来れば既に大和国中であり、彼らの胸中にも安堵が芽生えていたに違いない。しかし、幕府軍の警戒網は広範囲に及んでおり、三輪山《みわやま》の周辺で次々と捕らわれ、数名が戦死した。無事に竹内峠《たけのうちとうげ》を越えたのは、たったの七名であった。

多くの犠牲を払いながらようやく辿りついた国境である。峠の茶店で休憩を取った時、ひとりの高取藩士が偶然に通りかかった。一息入れた彼らは、余裕すら見せて高取藩士をからかい、笑いながら茶店を後にした。残した一言も、粋である。

「此方共は天誅組、只今、京師へ引き取るなり。」

竹内峠（葛城市）

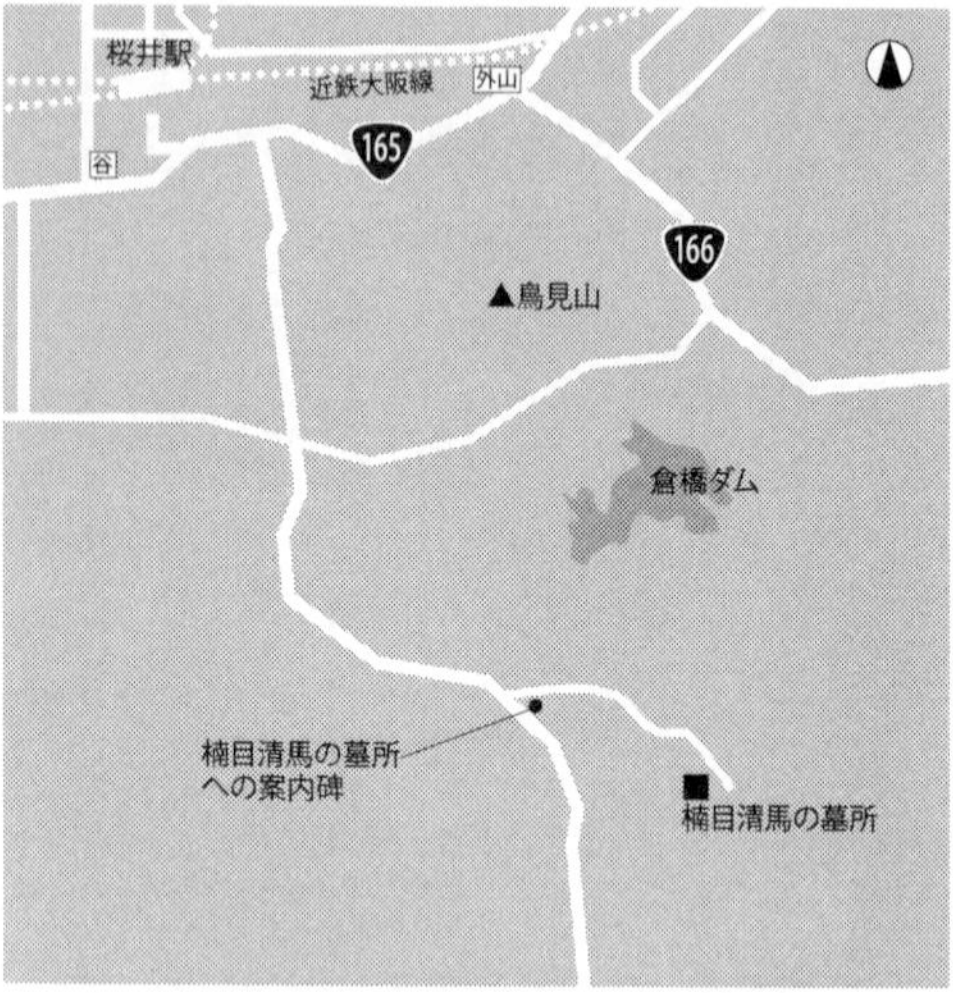
桜井駅
近鉄大阪線
外山
165
谷
166
▲鳥見山
倉橋ダム
楠目清馬の墓所
への案内碑
■
楠目清馬の墓所

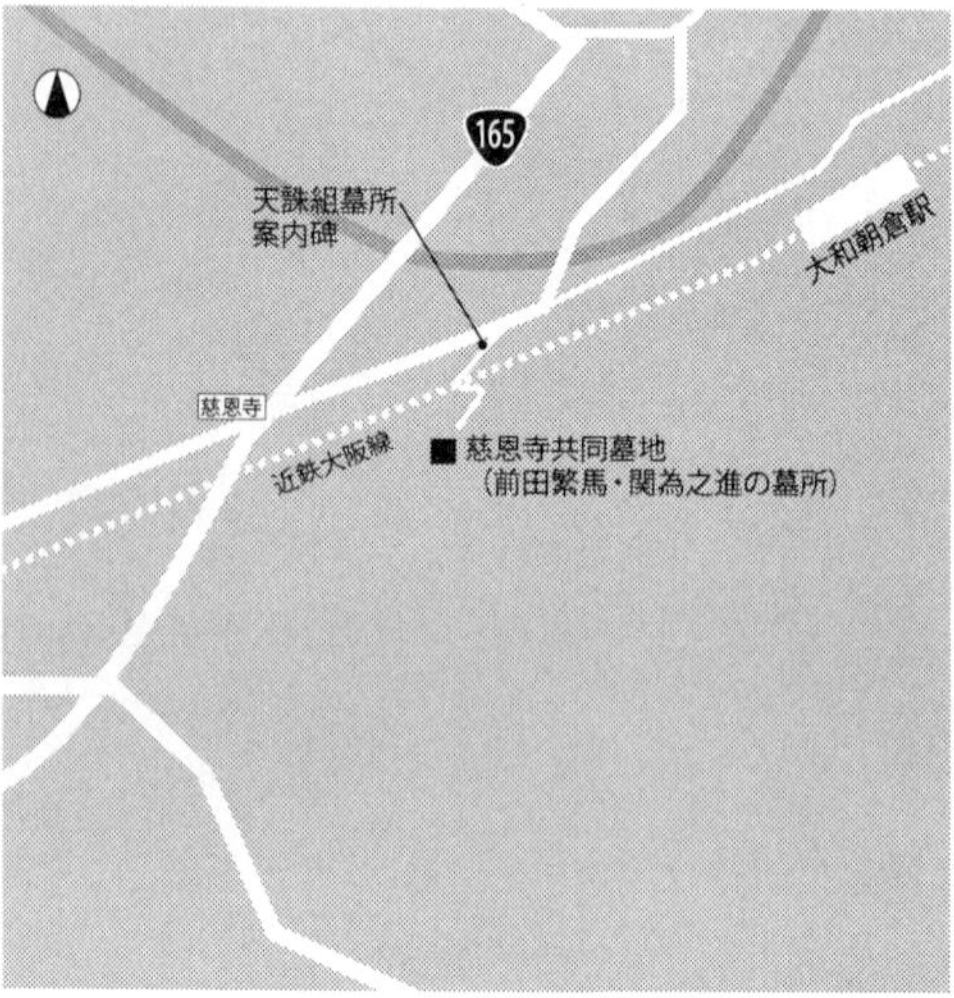
165
天誅組墓所
案内碑
大和朝倉駅
慈恩寺
近鉄大阪線
■ 慈恩寺共同墓地
（前田繁馬・関為之進の墓所）

前田繁馬《まえだしげま》らが津藩と戦い死す

本隊に属して鷲家口を斬り抜けた隊士のうち、前田繁馬と関為之進《せきためのしん》は、小名峠を越えて慈恩寺《じおんじ》へ出た。少し気の緩みもあったのか、樫木屋《かしきや》という店に入るところを見られており、包囲された。

津藩兵から出身地を聞かれ、苦し紛れに「伊勢の者」と答えたのが、決定打となった。伊勢は津藩領であり、言葉の訛りは隠すことが出来なかった。前田繁馬は、とっさに刀を抜いて相手に斬りかかろうとしたが、射殺され、関為之進は店の裏手へ走り逃れようとしたところを、撃たれた。

前田繁馬と関為之進の墓所（桜井市慈恩寺）

多武峰を越えて楠目清馬が自害

下居《おりい》村は津藩領で、多くの藩士たちが天誅組残党を捕えるために、警戒網を張っていた。多武峰を越えて下りてきた隊士のうち、森下儀之助、土居佐之助、安岡斧太郎は捕縛され、楠目清馬は倉橋の山中で自害して果てた。

吉野屋跡で、一網打尽にされる

安積五郎、岡見留次郎、田所騰次郎、磯崎寛らは旅宿吉野家で津藩兵に捕縛された。津藩撤兵分隊長の町井台水《まちいたいすい》らによって、奈良の古市陣屋へ送られ、他の隊士たちとともに、翌年、京都六角獄舎で処刑された。

楠目清馬の墓所（桜井市下居）

吉野家跡（天理市福知堂町）

安堵町ゆかりの隊士たち

伴林光平

文化十年（一八一三）、河内国志紀郡林村の尊光寺に生まれる。西本願寺学寮に入って教授にまでなったが、国学に傾倒し飯田秀雄《いいだひでお》や加納諸平《かのうもろひら》、伴信友《ばんのぶとも》に師事した。三十三歳で八尾の教恩寺住職をしながら和歌や国学を教え、郡山藩士や奈良奉行所役人など多くの弟子が集まった。安政三年（一八五六）に今村文吾の晩翠堂《ばんすいどう》で和歌の指導を始め、中宮寺の侍講をも務めた。文久元年には、法隆寺村駒塚の東福寺跡へ住いを移している。伴信友から陵墓調査を引継ぎ、文久二年には神武陵決定調査にも関わった。寺の家に生まれながら、国学に傾倒していった経歴もさることながら、五十一歳の和歌の大家として多くの門弟たちがある身で、天誅組に投じたのは、国体への思いが光平を駆り立てたのであろう。最後は本隊と別れ、平岡鳩平らとともに伯母峰峠を越えて南山を脱出し、駒塚の自宅へ帰りついた。奈良奉行所の包囲網が迫る中、京へ向かったが、磐船街道で捕えられ、翌元治元年、京都六角獄舎で処刑された。奈良の獄中で行軍中の事柄や和歌をまとめ、「南山踏雲録《なんざんとううんろく》」の名で世に残した。

旧今村邸（安堵町歴史民俗資料館 / 安堵町東安堵）

光平が文久元年に移り住んだ駒塚の碑（斑鳩町東福寺）

光平の生家、尊光寺（藤井寺市林）

教恩寺跡に建つ顕彰碑（八尾市南本町）

玉祖神社にある光平の墓（八尾市神立）

北畠治房（平岡鳩平）

天保四年（一八三三）、法隆寺村の商家に生まれた治房は、中宮寺の寺侍をしており、伴林光平と親交が深かった。天誅組決起の知らせを受取ると、それを大坂滞在中の光平へ知らせ、以後、自宅付近まで逃れてくるまで苦難をともにしてきた。

天誅組壊滅後は、一時期刈谷藩へ潜伏し、翌年の水戸天狗党の乱に参加した。明治以後は、江藤新平に見出され、京都裁判所所長をはじめ、司法省で活躍した。最後は大阪控訴院長を務め、男爵を授けられた。一時、大隈重信の立憲改進党に属したこともある。

晩年は、法隆寺村へ隠棲し、隊士の顕彰につとめた。旧北畠邸は、現在はカフェ「布穀薗《ふこくえん》」として営業されており、母屋を眺めながら食事が楽しめる。

北畠治房の墓（中宮寺墓地／斑鳩町三井）

伴林光平の歌碑巡り

歌人伴林光平は、獄中日記「南山踏雲録」に収録しているように、行軍中、土地の風景や心境などを、多くの歌に著した。その歌碑が各地に建立されている。それらの歌碑を巡りながら、天誅組の状況や、光平の心情に触れるのも面白い。

むす苔の　簾の里に　住居ても　憂目ばかりは　隔てざりけり

榧の實の　嵐におつる　おとづれに　交じるもさむし　山雀の声

維新公園／五條市大塔町簾

鉾とりて　夕越え来れば　秋山の　紅葉の間より　月ぞきらめく

ふるさとの森公園／五條市大塔町阪本

吉野山　峰の梢や　いかならぬ　紅葉になりぬ　谷の家村

下市中央公園／吉野郡下市町下市

世を棄てゝ　くまばや汲まん　白菊の　花の中ゆく　瀧川の水

世にしらぬ　あはれをこめて　しぐるらん　小笹瀧の　ありあけの月

吉野郡十津川村滝川

笹の滝入口／吉野郡十津川村内原

梶を無み　乗りて遁れん　世ならねば　岩船山も　甲斐なかりけり
神國は　いはおとなりて　うごかねば　よせてはかへす　沖の白波

磐船神社／大阪府交野市

君が代は　巌とともに　動かねば　砕けてかへれ　沖つ白波

駒塚古墳／生駒郡斑鳩町東福寺

尊光寺／大阪府藤井寺市林

分来てし　其世は夢と　成りぬるを　何たとらるる　猪名のささ原

寺本児童公園／兵庫県伊丹市寺本１丁目

第二章　大阪府　楠木正成の地を行く

1. 西高野街道を進軍した堺市・大阪狭山市

京都を出発し、海路大阪湾を南下してきた天誅組が上陸したのは、堺港である。市内へ流れる環濠の水門付近に、巨大な碑が聳え立つ。上陸したというだけで、これほど大きな記念碑が建てられていることに驚く。大阪府内の史跡を廻る出発点としても最高である。ここからほぼ国道三一〇号線を、五條を目指していくことになる。富田林市あたりまでくると、葛城山、金剛山が近く見え、少しずつ田園風景が広がってくる。水郡善之祐ら河内勢の参加もあり、士気が上がる一方だった彼らの、足取りの軽さが感じられるようだ。

五條代官所へ討ち入る前、楠木正成ゆかりの観心寺で戦勝祈願をした一行の胸には、鎌倉幕府を滅亡させ建武の新政を打ちたてた南朝への思いが強くあった。

天誅組上陸地碑（堺市堺区栄橋町）

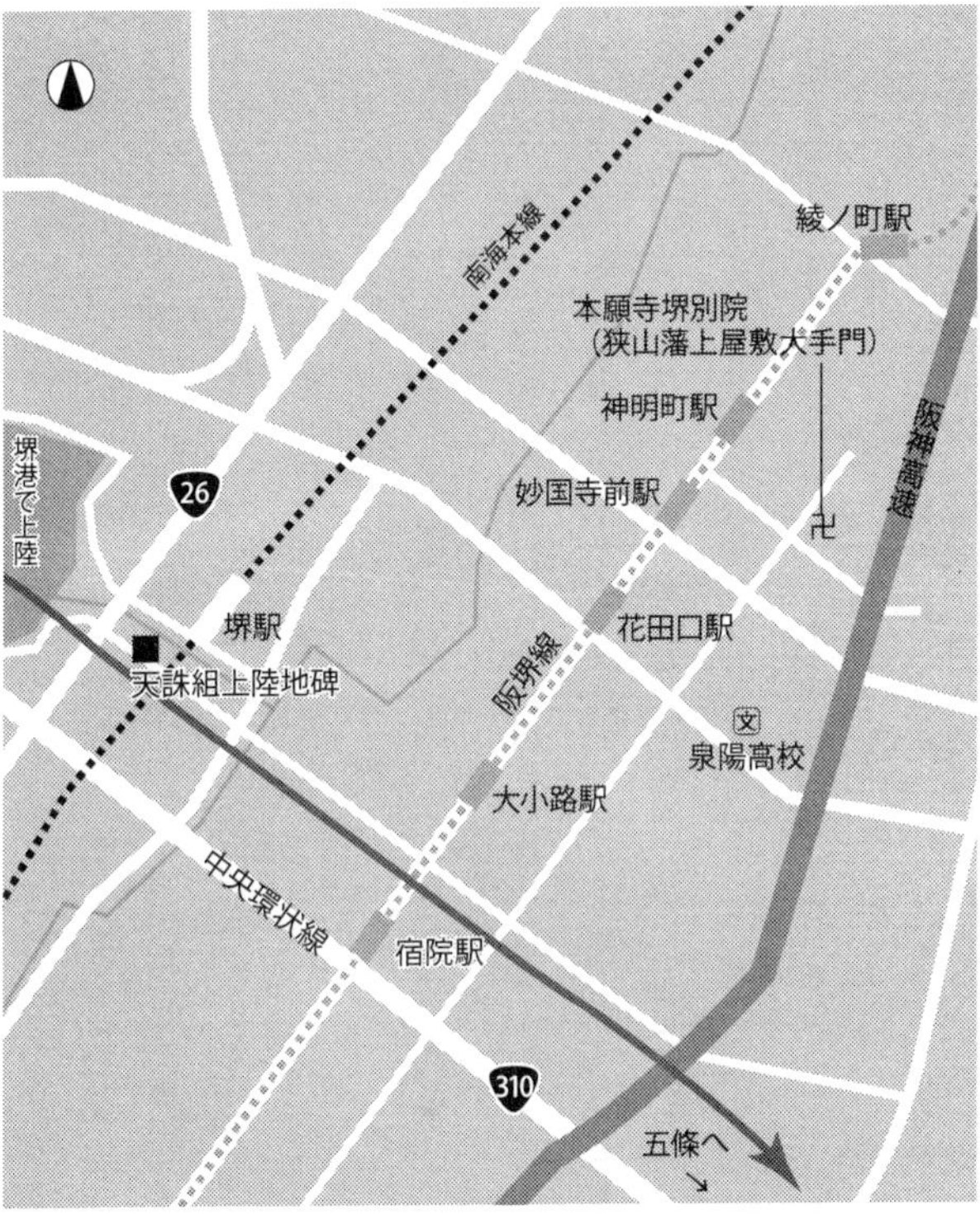
南海本線
綾ノ町駅
本願寺堺別院
(狭山藩上屋敷大手門)
神明町駅
阪神高速
妙国寺前駅
26
堺港で上陸
堺駅
天誅組上陸地碑
花田口駅
阪堺線
泉陽高校
大小路駅
中央環状線
宿院駅
310
五條へ

堺港へ上陸し、進軍開始

京都方広寺へ集結し、伏見から淀川を下ってきた一行は、八月十六日明け方、堺港へ上陸した。ここからは西高野街道を五條へ向け、いよいよ進軍開始である。堺は幕府直轄地であり、この先は、大名・旗本家の領地が続く。気が抜けない行軍であるが、大和行幸のさきがけとして、倒幕へ繋げようという、自分たちで世の中を変える意気込みが感じられる。

狭山藩へ協力を呼びかける

西高野街道を進んできた一行は、狭山藩領へ入り、報恩寺で休息をとった。その間、吉村虎太郎ら数名の隊士が軍使として、狭山藩陣屋を訪れた。大和行幸ののち、孝明天皇は伊勢神宮に詣でて御親征の軍議を執り行うことになっており、倒幕へ向けた御親兵を組織する必要があった。そのための協力を、要請したのである。

狭山藩は、小田原北条家の支流の譜代大名で、藩主御殿や家中屋敷が連なる上屋敷と、武術場・鉄砲製造所などを有する下屋敷があった。軍使を迎えた藩の家老は要請を受けたが、突然の「皇軍」に混乱し、京都・江戸の情勢も分からないまま、受けざるを得なかったのが実情だろう。

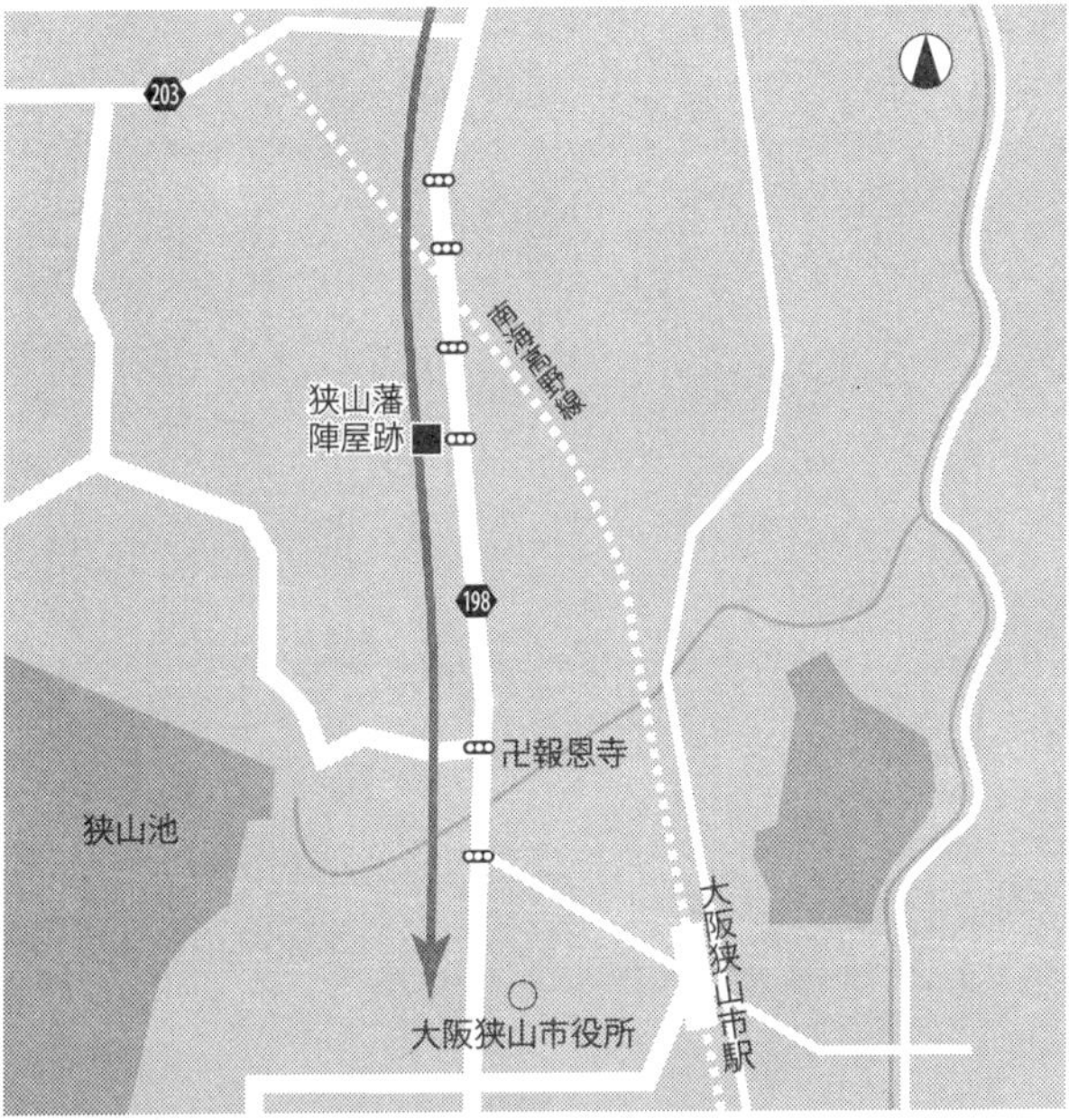

狭山藩陣屋跡碑（大阪狭山市狭山三丁目）

2. 河内勢が集結した富田林市

狭山藩などへの協力要請が順調に進み、一行は意気揚々と富田林の水郡善之祐邸へ入って、河内勢隊士と合流し、用意した錦の御旗を高々と掲げた。

南北に流れる石川を越える辺りから、大和国との境になる葛城山・金剛山の山並みが見えてくる。田園風景が広がる、現在も長閑な地域である。

水郡善之祐の元に集まった近隣の若者たちは、日頃から武芸を鍛錬し、多くの尊王攘夷志士たちは、彼らを頼みにして、頻繁にこの地を訪れた。のちに「河内勢」と呼ばれる、天誅組の中でも抜群の戦力でもって、終始活躍した彼らの土壌は、富田林の地で育まれた。

水郡邸（甲田）

水郡善之祐邸と養楽寺で休息

水郡善之祐邸へ一行が入ったのは、八月十六日午後である。大和行幸の詔が出されたあと、郷里へ戻った水郡は、決起準備を万端整えて、一同を迎え入れた。屋敷と養楽寺へ分宿し、隊士たちは僅かな時間、疲れを癒したが、狭山藩家老の来訪、下館藩陣屋への軍使派遣、武具の運び入れなど、慌ただしい滞在だったようだ。

養楽寺は水郡家の菩提寺であり、善之祐、長男英太郎などの一族の墓、隊士のひとり森本伝兵衛の墓碑が建てられている。

一行が分宿した養楽寺（甲田）

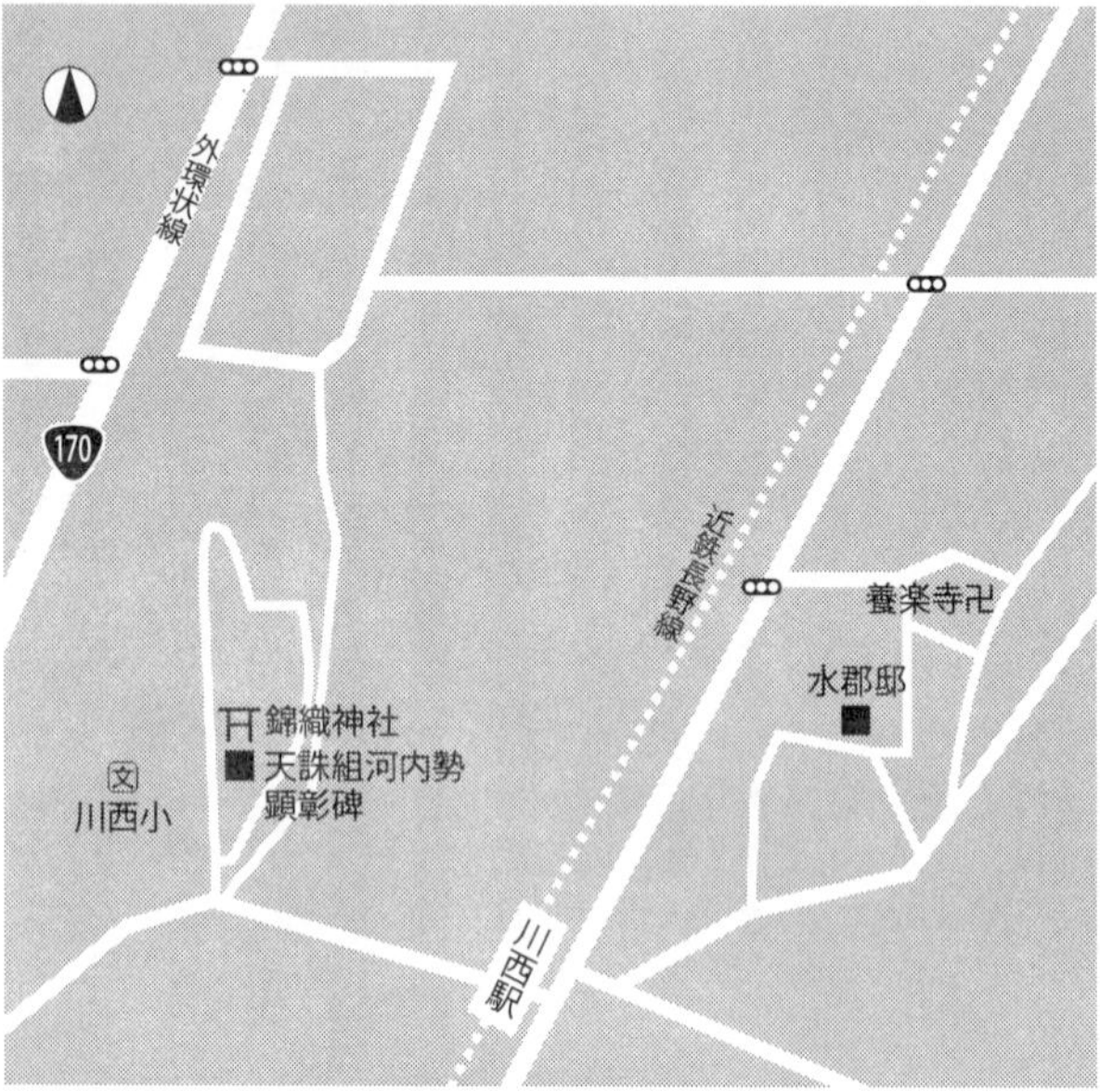

森本伝兵衛の墓（養楽寺／甲田）

錦織神社の河内勢顕彰碑

平安時代に創建されたとされる錦織神社は、「錦織造り」と呼ばれる建築様式が特徴で、国の重要文化財に指定されている。

参道に、昭和三十八年（一九六三）に建立された河内勢顕彰碑があり、その傍らに、河内勢隊士の和田佐市の墓碑が寄り添う。顕彰碑に刻まれている和歌「花と咲き花とちりにし人々の若き命を誰が惜しまざる」は、田中正雄氏（河内勢顕彰会会長）が寄せたもので、徳川幕府の体制を崩し、新しい世の中を自らの手で作り出そうと、郷里を出ていき、散っていった若者たちへの、思いが込められている。

河内勢顕彰碑（錦織神社／宮甲田）

3. 勤王の奥河内、河内長野市・河南町

五條を標的にした天誅組が、河内国を経由してきた目的は、水郡善之祐ら河内勢との合流以外に、南朝の英雄楠木正成ゆかりの地ということが挙げられる。奥河内の人々を糾合し、正成の首塚に詣でて戦勝祈願をして、士気を高めた。

国道三一〇号は、南海高野線河内長野駅を過ぎると、一気に山深くなる。楠木正成が学んだ観心寺があり、赤阪城、千早城跡も近い。天誅組の行軍は、まさに正成と南朝の戦いをなぞらえたものであり、約五百年の時を経て御親政を復活させようというものであった。挙兵を前に、歴史の流れと緊張が、感じられる場所である。

観心寺山門（河内長野市寺元）

油屋本陣で体制を整える

水郡邸を出発した一行は、八月十七日夜中、三日市宿油屋本陣へ入った。千早峠越えを前に、人足の手配などをして、代官所討ち入りの最終準備を整えたのである。

三日市宿は、高野街道の宿場町のひとつで、旅籠だけでも七十数件があったといい、高野山詣での旅人で賑わっていた。今でも街道沿いに古い町家が残り、風情を感じさせる。夜中とはいえ、天誅組の物々しい軍勢の到着に、宿場町は騒然としただろう。

油屋は、当主を西川庄兵衛といい、油絞りや旅籠を営む豪商で、紀州藩主の参勤交代の本陣であった。

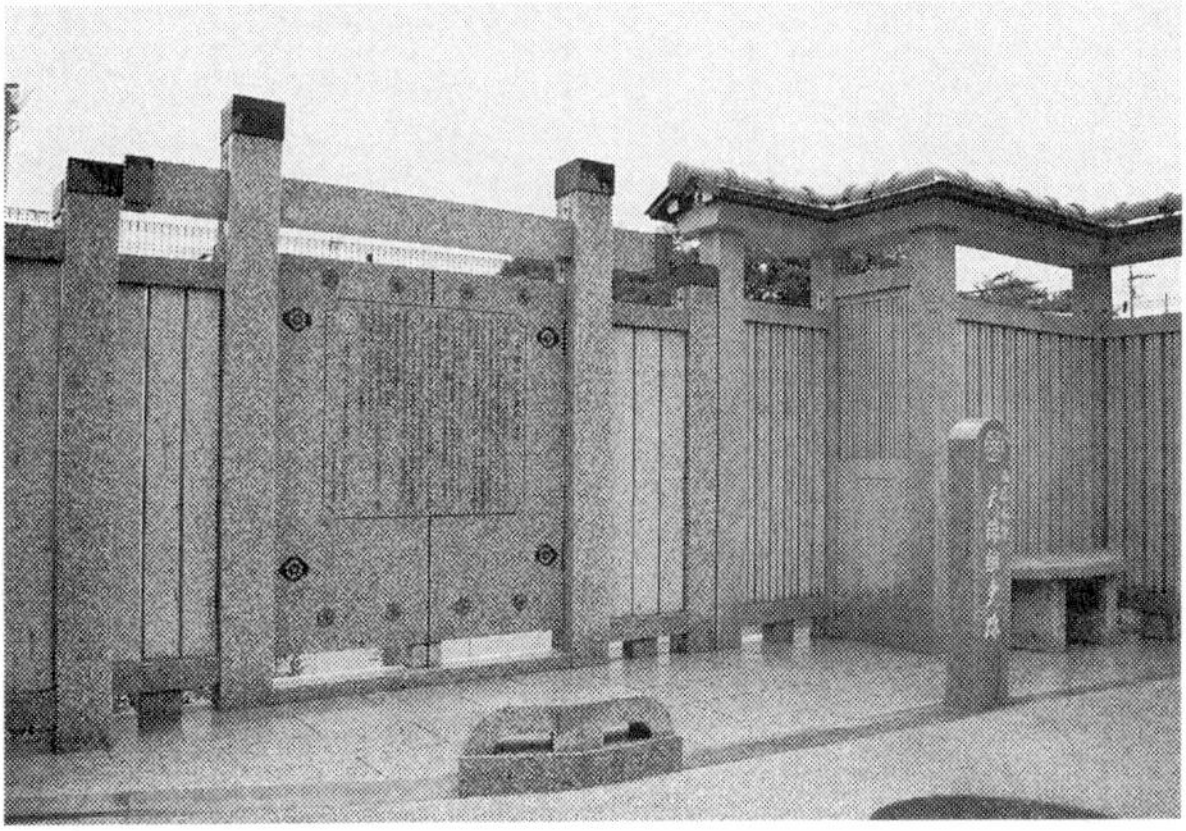

油屋本陣跡（河内長野市三日市町）

楠木正成の首塚へ詣でる

油屋本陣を出立し、一行は観心寺へ入った。楠木正成が学んだ寺であり、同家の菩提寺でもある。秋の紅葉が美しいことで知られ、この時期も、そろそろ見頃を迎えていたかもしれない。

ここで三総裁のひとり藤本鉄石が合流し、一同は正成の首塚前に整列すると、戦勝祈願をし、後村上天皇陵へ詣でた。隊士総勢六十名程度で、まだ小規模であるが、その様子は壮観だったに違いない。

首塚前に天誅組讃蹟碑がある。昭和五年(一九三〇)に建てられたもので、中山忠光の娘仲子が嫁いだ、嵯峨公勝が篆額を書いている。

楠木正成の首塚

天誅組讃蹟碑

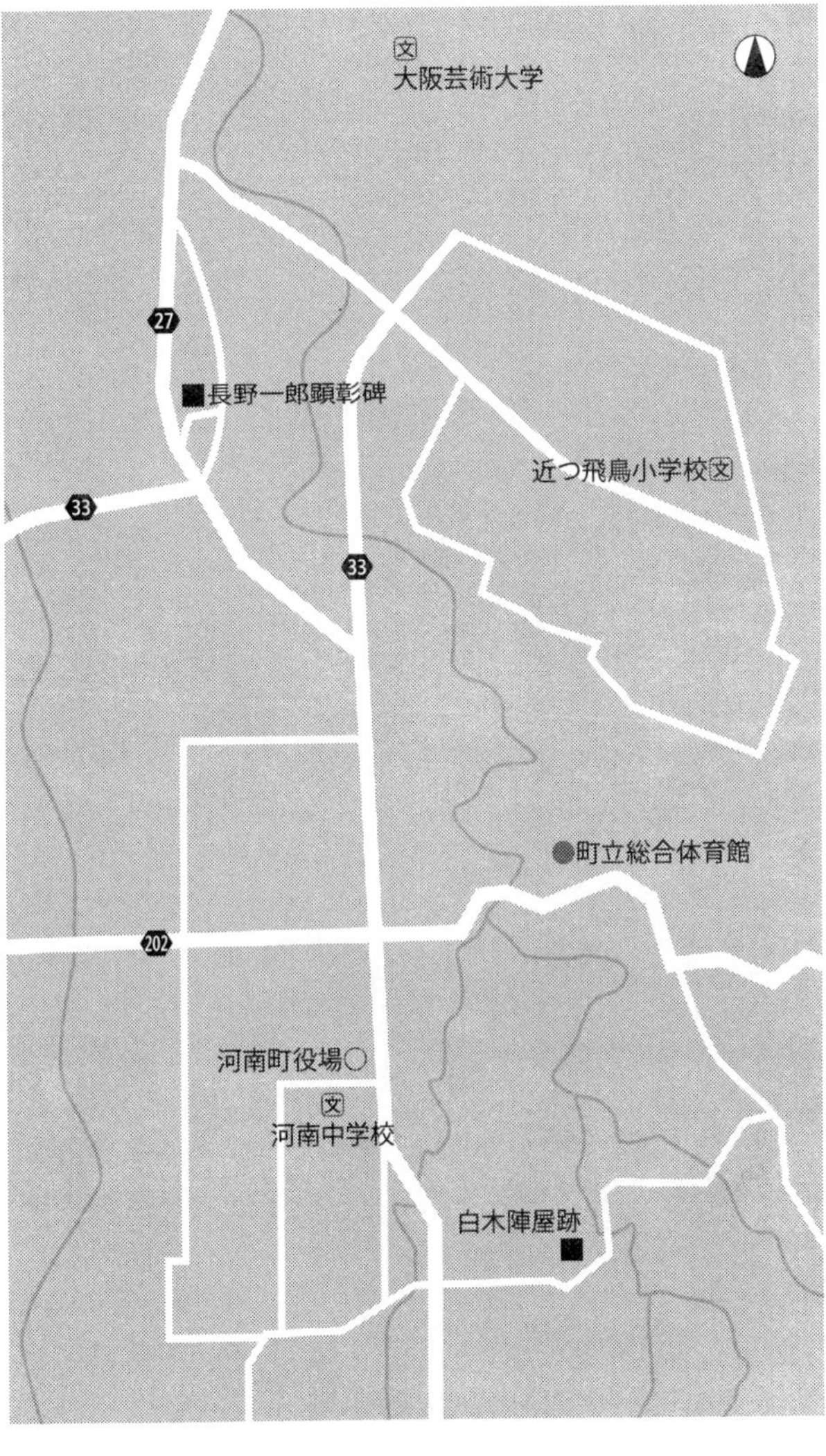
大阪芸術大学
27
長野一郎顕彰碑
近つ飛鳥小学校
33
33
町立総合体育館
202
河南町役場
河南中学校
白木陣屋跡

物資を提供した白木陣屋

白木陣屋は、下館藩（茨城県筑西市）の領地で、天誅組は、ここへも軍使を派遣し協力を呼び掛けた。隊士のひとり渋谷伊与作は下館藩士であり、その繋がりが大きかったものと思われる。現在、陣屋跡地は畑になっているが、石垣が草木の中で姿を残している。

白木陣屋跡（南河内郡河南町白木）

下館城跡に建つ渋谷伊予作の顕彰碑（茨城県筑西市甲）

河内ゆかりの隊士たち

水郡善之祐

伊勢神戸藩領の河内代官をつとめていた水郡善之祐は、屋敷内に道場をつくって武術の稽古に励むかたわら、近郷の若者たちの指導もしており、人望があった。清川八郎や平野国臣、宮部鼎蔵、松田重助などの志士たちも頻繁に訪れ、河内国における尊王攘夷活動の重要拠点であった。現在、大阪府の指定史跡となっている。

ここで近郷の志士たち「河内勢」が加わったほか、十三歳の長男英太郎が「父の死にざまを見届けたい」と強いて従軍を願い出た。過酷な行軍や、先の見えない山奥での敗走の最中も、弱音ひとつ吐かなかったという。

善之祐ら河内勢は、高取城攻撃の敗走で殿をつとめ、また白銀岳周辺での戦闘では、前線砦を死守するなどし、常に危険な場所へ自ら赴き、隊を支えてきた。しかし、その働きの割に、進退を決める重要な場面で意見具申をしても容れられることが少なかったといわれ、また、本隊と、河内勢が守る前線との連絡に齟齬をきたし、作戦変更が伝えられずに置き去りにされることが何度かあった。

九月十一日、善之祐を中心に十三名の河内勢隊士が、本隊のやり方に不満を募らせて決別した。別行動をとって十津川郷へ逃れ、最後は小又川村（和歌山県田辺市龍神村）で、紀州藩の陣営へ自首した。一旦、米倉へ収容されたのち、京都へ護送され、翌年七月、六角獄舎で処刑された。

長男英太郎は、十三歳という年齢への配慮により赦された。その後、再び河内勢を糾合して高野山挙兵に参加し、戊辰戦争では長岡、新潟で戦った。明治維新後は長義と名乗り、警視庁、宮内庁、検事などをつとめ、明治四十三年（一九一〇）、五十九歳で没した。

天誅組の数少ない生き残りの中で、新政府で官職を得、明治の世を生きたひとりである。

水郡善之祐らが収容された米倉で、天誅蔵とよばれている
（和歌山県田辺市龍神村）

多くの志士が収容され処刑された六角獄舎跡
（京都府京都市中京区）

六角獄舎殉難志士の墓
天誅組隊士など三十七士が葬られている
（竹林寺／京都府京都市中京区）

田中楠之助

天保十四年（一八四三）生まれ。小田原藩の飛領地である河内国大県《おおがた》郡《ぐん》法善寺《ほうぜんじ》村の庄屋。水郡善之祐の道場に通い、また教恩寺住職だった伴林光平の門人であった。楠之助は常々、過激な尊王攘夷論を展開しており、小田原藩主大久保忠礼《おおくぼただのり》の命で投獄されるほどであった。

天誅組では砲一番組をつとめて奮戦したが、水郡善之祐らと本隊から離脱し、翌年七月に京都六角獄舎で処刑されている。昭和三年（一九二八）、田中邸跡地に顕彰碑が建立された。裏面碑文は、熊本出身の中国文学者財津愛象《たからづあいぞう》による。

宅跡に建つ顕彰碑（柏原市法善寺）

長野一郎

河内勢隊士のひとりで、本名吉井儀蔵《よしいぎぞう》。長野村の分家から大ヶ塚《だいがづか》の吉井宗家へ婿養子に入り、天誅組参加時に長野一郎と変名した。安政二年（一八五五）二月に、緒方洪庵《おがたこうあん》の適塾に入門し医学を修めた。同時期に入門した人物に福沢諭吉《ふくざわゆきち》がいる。天誅組参加前、吉井家が絶えないようにと、自分の妻に婿養子を迎える準備をして出たという話がある。京都から水郡邸までの道案内を田中楠之助と務め、伍長兼薬役を担った。河内勢が離脱しても、本隊に残り奮戦した。最後は鷲家口の敵陣を突破したものの、芝村藩に捕縛され、六角獄舎へ収容されたのち、元治元年（一八六四）二月、処刑された。

顕彰碑（南河内郡河南町大ヶ塚）

第三章　主な隊士の関連地

1. 吉村虎太郎　高知県高岡郡津野町《つのちょう》・梼原町《ゆすはらちょう》ほか

天保八年（一八三七）、土佐国高岡郡芳生野村《よしうのむら》の庄屋の家に生まれる。十二歳で父の跡を継いで庄屋となって以後、北川村、須崎浦《すさきうら》、梼原村など各地を歴任した。隣宅の長山家で一通りの学問を修め、以後は、高知城下の楠山庄助《くすやましょうすけ》塾と間崎哲馬《まさきてつま》の塾で、それぞれ一年半ほど学んだ。

吉村虎太郎肖像画
（津野町教育委員会提供）

虎太郎が尊王攘夷思想を強くもち、志士として活動していく素地は、地元に色濃くあった。それは、津野山郷が、藤原仲平《ふじわらのなかひら》の子津野経高《つのつねたか》を祖とする津野氏の支配地であること、暴利を貪る御用商人と対決し領民のために命を失った庄屋中平善之進《なかひらぜんのしん》（一七〇九～一七五七）がいたこと、天保十二年（一八四一）に結成された、尊王精神に彩られた庄屋同盟が受け継がれていることである。庄屋時代の虎太郎は、常に領民のことを考え、下意上達に奔走した。

安政元年（一八五四）から安政六年までの須崎浦庄屋時代に、間崎哲馬と親交を深め、土佐勤王党へ加盟した。武市瑞山らと活動をともにしながらも、虎太郎の思想は土佐一国に留まらず、真っ先に脱藩して長州へ走った。土佐脱藩第一号である。

京で、寺田屋事件に連座して国元で投獄されるが、再度上京し天誅組を結成し総裁の任に就いた。終始、本隊に所属せずに後続隊や前線に位置して指揮を執り続けた姿勢は、虎太郎の信条ともいえる、庄屋時代の経験に基づく現場主義であろう。

高取城夜襲の途上、高取藩士と戦い、味方の銃弾に傷ついて以後は、もっぱら駕籠での移動を余儀なくされた。最期は、そのために本隊より遅れ、道を変えて木津川村の庄屋堂本家へ身を寄せた。幕府軍の探索が厳しくなり、九月二十七日、同家を辞し山を越えて石の本谷の小屋で休んでいるところを、津藩兵に囲まれ戦死した。享年二十七。

終始、庄屋としての使命を持ち、身分の差のない世の中をつくるために走り続けた生涯であった。

巌頭烈風に立つ銅像

吉村虎太郎の銅像は、津野町の中でも、旧東津野村の中心地を見下ろす高台にある。着物が風になびき、刀を地面について凛と立つその姿は、まさに風雲の中へ飛び込もうとしているようだ。そのダイナミックな格好良さは、見る者を魅了せずにはいないだろう。明治百年記念の昭和四十三年（一九六八）に建立されたもので、銅像の後ろには、虎太郎の父母や弟の墓と、津野町出身志士の吉村虎太郎・松山深蔵《まつやましんぞう》・上岡胆治《かみおかたんじ》・宮地宜蔵《みやじぎぞう》の顕彰碑がある。

吉村虎太郎の銅像（高知県高岡郡津野町力石）

吉村虎太郎の生誕地と邸宅

生誕地に復元された邸宅で、虎太郎の生涯を描いた映像や、天誅組資料が展示される。庭先の「吉村虎太郎生誕地」碑は田中光顕の揮毫による。

北には壮大な四国山脈を望み、邸の前は清流が流れ、丸太の一本橋が架かる。静かな里山の風景は、虎太郎が、伸び伸びと育った少年時代そのままのようだ。総裁として天誅組を率いた彼の思想の根本は、庄屋として民の暮らしを考えた、この津野山の地にあった。

吉村虎太郎邸（高知県高岡郡津野町芳生野）

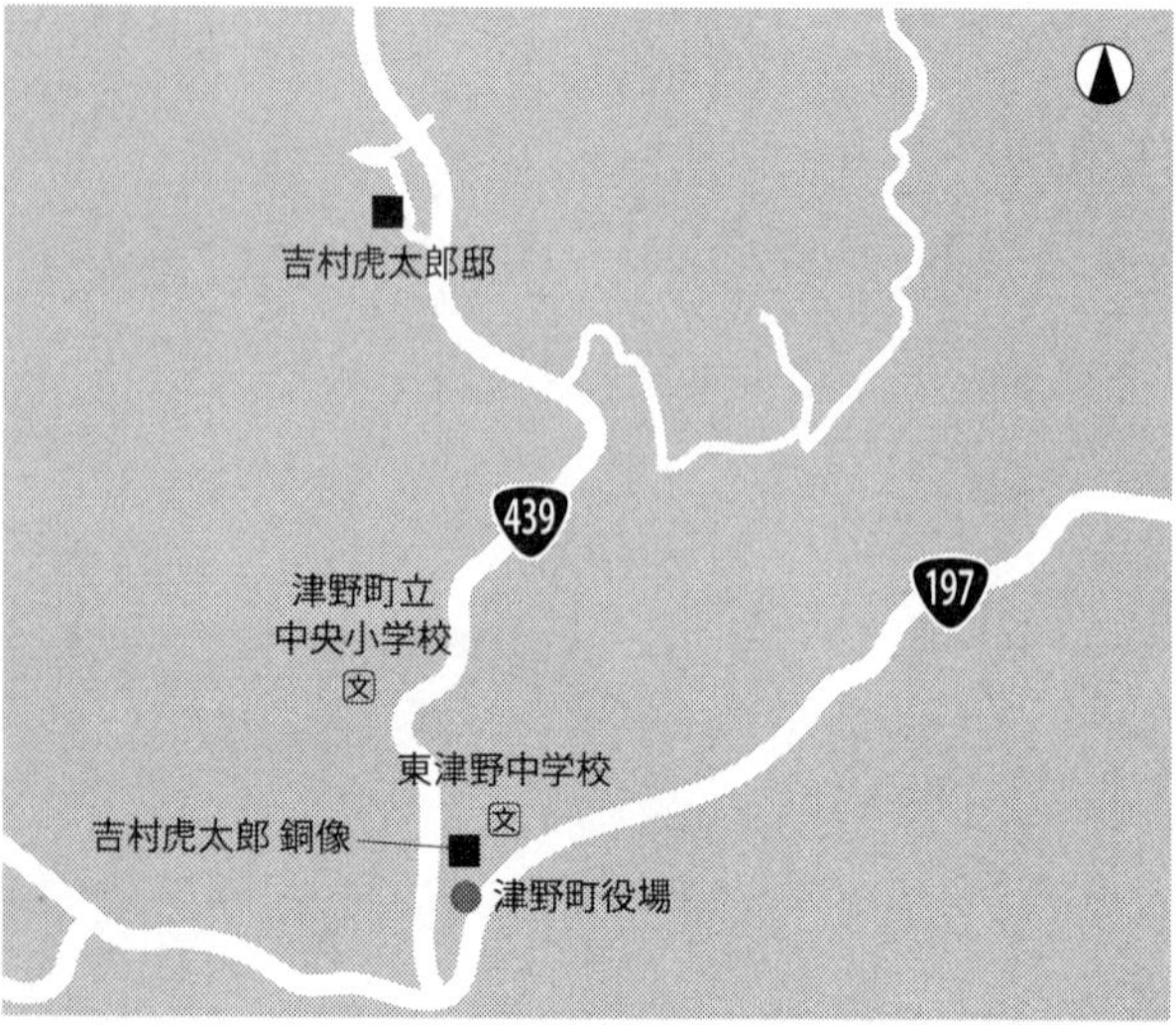

吉村虎太郎邸
439
197
津野町立
中央小学校
東津野中学校
吉村虎太郎 銅像
津野町役場

梼原大庄屋時代の屋敷跡

梼原町へ入ると、雲の上ホテルや梼原町総合庁舎などの、隈研吾《くまけんご》氏の建築物の数々に目を魅かれる。総合庁舎前の坂道を登って行くと、吉村虎太郎の庄屋屋敷跡である。高台に位置しており、町を一望できる。虎太郎は、土佐脱藩第一号となって、ここから伊予国長浜をへて長州へ脱藩していった。茅葺きの建物は、虎太郎の朋友掛橋和泉《かけはしいずみ》の屋敷だったもので、中二階の隠し部屋など、内部を見学できる。

屋敷跡から右手へあがっていくと、吉村虎太郎・那須信吾・那須俊平・前田繁馬・中平龍之助《なかひらりゅうのすけ》・掛橋和泉の、梼原ゆかりの志士六名の墓碑がある。

梼原大庄屋時代の屋敷跡（高知県高岡郡梼原町梼原）

六志士の墓（高知県高岡郡梼原町梼原）

八志士の、維新の群像

梼原町中心地の高台に、梼原ゆかりの六名の志士に、この地を通って脱藩していった坂本龍馬、沢村惣之丞を併せた八志士の群像がある。八志士が、それぞれの人生を顕すかのような姿をしており、躍動感にあふれ、今にも動き出しそうなほどだ。

「維新の門」と名付けられた、この群像は、四国山地の峻険な山道を脱藩し、国のために散っていった彼らの雄姿と功績を、現代へ伝えている。

維新の群像（高知県高岡郡梼原町川西路）

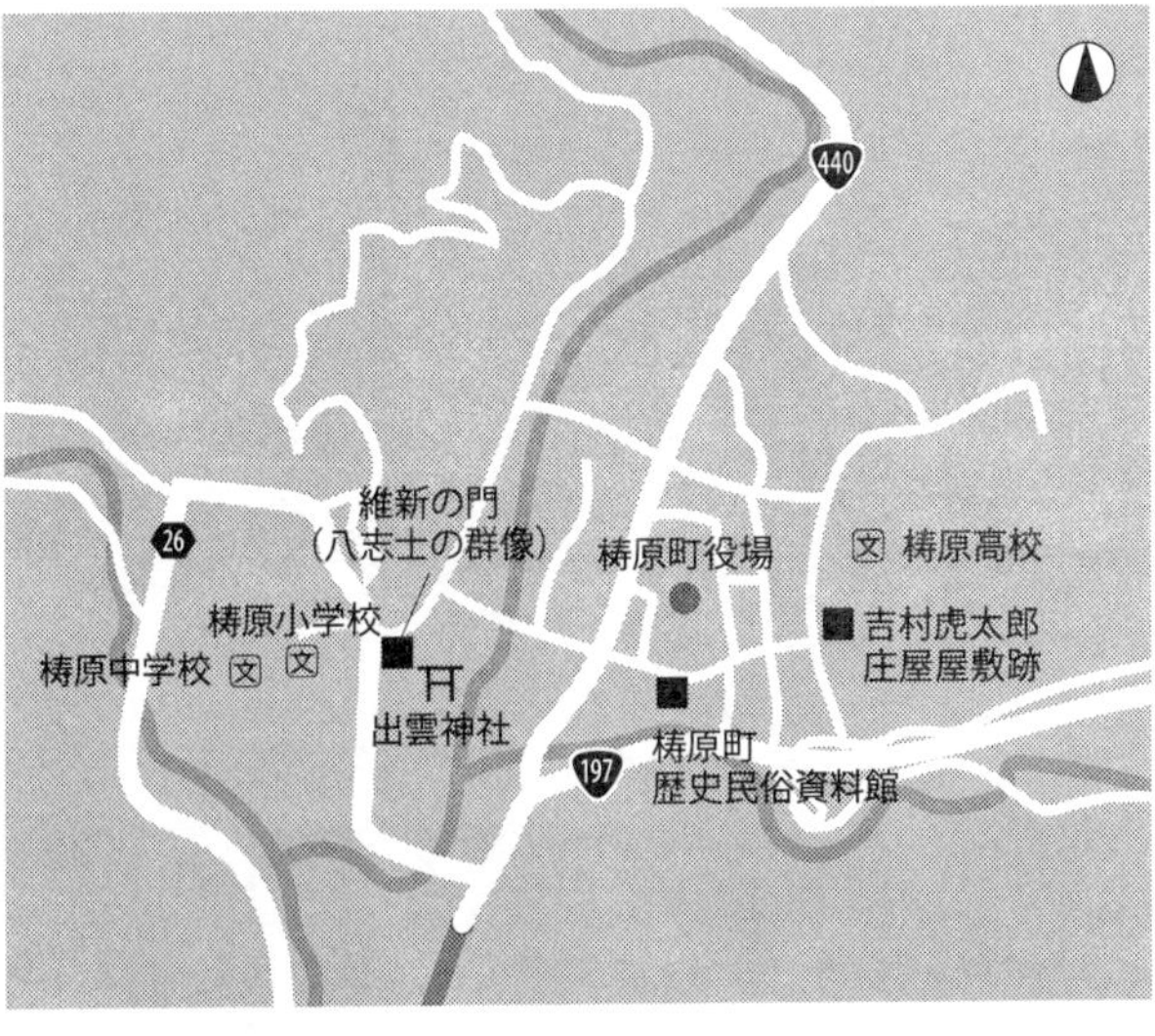
440
26
197
維新の門
（八志士の群像）
梼原町役場
梼原高校
梼原小学校
梼原中学校
吉村虎太郎
庄屋屋敷跡
出雲神社
梼原町
歴史民俗資料館

京都時代の寓居跡

長州藩久坂玄瑞らと意気投合した虎太郎は、文久二年（一八六二）、脱藩して上京した。寺田屋事件に連座して、一旦は土佐へ強制送還をされるが、再度上京を果たし、京都木屋町通りに寓居し、国事に奔走した。高瀬川に面した木屋町通りには、武市瑞山ら多くの志士たちが住いしており、藩邸も多くあった場所である。

土佐藩邸は、蛸薬師通りにあり、平成九年（一九九七）、藩邸跡地に土佐四天王像が建てられた。土佐四天王とは、吉村虎太郎・武市瑞山・坂本龍馬・中岡慎太郎である。この銅像は現在、嵯峨野へ移設され、幕末ファンが多く訪れる。

吉村虎太郎の寓居跡（京都市中京区木屋町通三条上ル）

土佐四天王像（京都市右京区嵯峨小倉山堂ノ前町）

2. 藤本鉄石　岡山県岡山市ほか

藤本鉄石自画像
（花土文太郎『偉人藤本鉄石より』）

文化十三年（一八一六）、備前国宇野村（岡山市）生まれ。十五才で片山家から藤本家へ養子に入り、岡山藩農事掛を務める。学者や歌人、画人らが集う羅漢会の一員となり、国学、書画、和歌、兵学、剣術を学んだ。書画や和歌が多く残されていることから、鉄石を文化人と見がちであるが、兵学は長沼流と甲州流の免許を得、剣術は天心独明流の切紙を伝授されるなど、武術にも優れた。新興神道家黒住宗忠《くろずみむねただ》の影響を受け、天照大神を天地の父母とし、その皇孫である天皇を尊崇する黒住教に傾倒し、それが尊王思想の根本となった。

天保十一年（一八四〇）、二十五歳で脱藩し、書画で身を立てながら諸国を巡遊した。天誅組では伴林光平に次ぐ年長者で、常に中山忠光の側にいて、冷静に事態に対応していたが、最期は、福浦元吉と二人だけで、紀州藩脇本陣日裏屋へ斬り込んだ。記録に「一揆主従両人、稲妻の如く」とあるように、十数人を相手に戦い、闘死した。死に花を咲かせるとは、正にこのことであろう。

藤本鉄石の生誕地

岡山城の北東の、百間川《ひゃっけんがわ》近くの閑静な住宅地に、藤本鉄石の生誕地がある。片山佐吉の四男として生まれた鉄石は、のち藤本家へ養子に入った。

外国船がしばしば来日し、それに伴い開国方針と攘夷方針とで世の中が紛糾してくると、じっとしておれず、脱藩して尊王攘夷活動に身を投じた。彼の人柄は「沈毅《ちんき》にして度量あり、最も果断に富む。言語明晰しかも多くを語らず、容貌清痩昂然《せいそうこうぜん》として鶴の如し」とあり、物静かながら決断力に優れ、物事を的確に述べる人物だったようだ。

藤本鉄石の生誕地碑（岡山県岡山市中区東川原）

京都に寓居し倒幕へ

全国を遊歴していた鉄石の、文武にわたる博識や人柄は知れ渡っており、嘉永七年（一八五四）、伏見奉行の招きに応じて塾を開き兵学を教えた。その後、三条付近に住まいを移し、諸藩の志士たちと往来し国事に奔走した。鉄石のもとには、教えを乞う者が多く訪れ、尊王倒幕活動の一拠点となった。

藤本鉄石の寓居跡（京都市中京区御幸町通三条上ル）

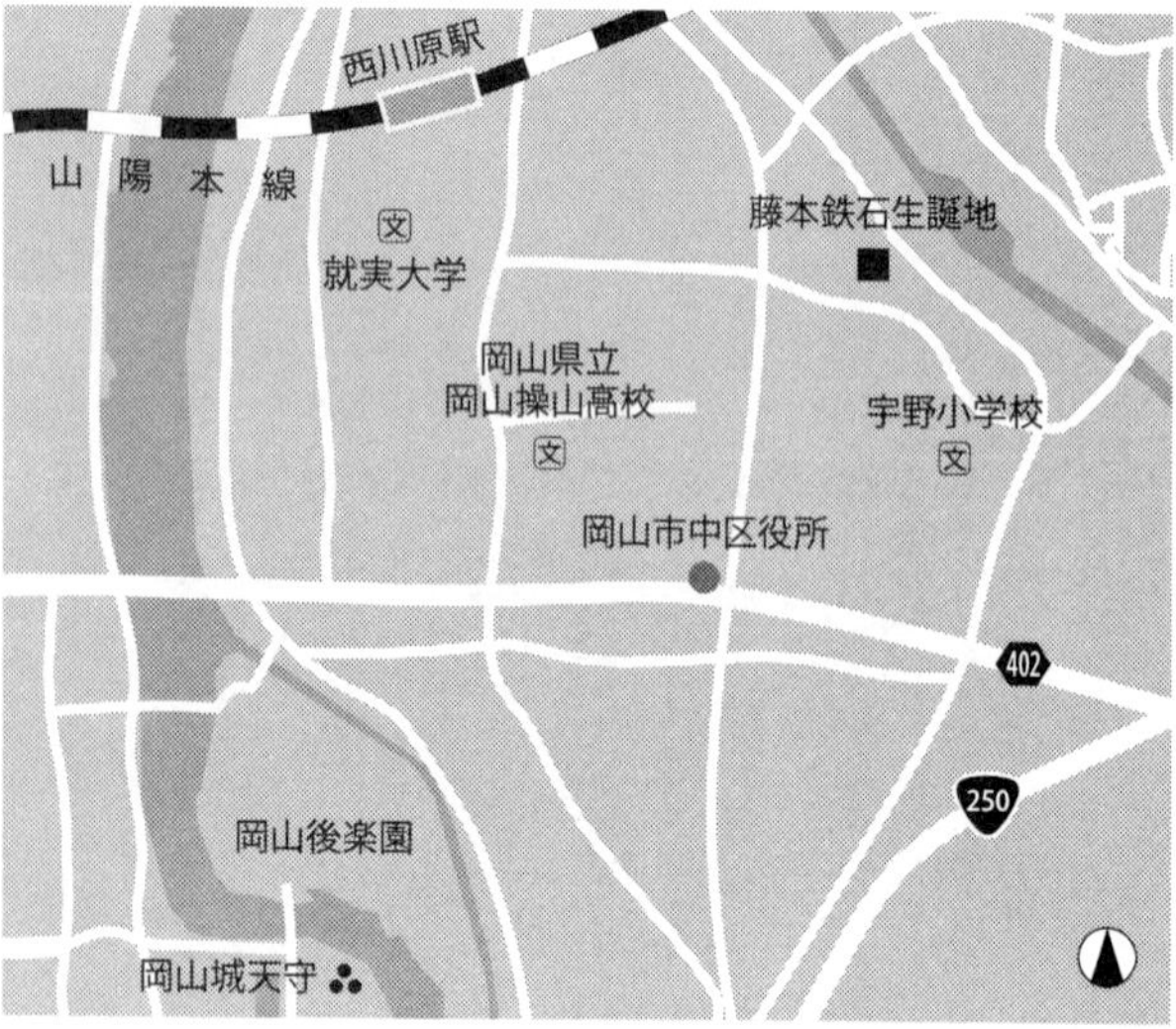
西川原駅
山　陽　本　線
就実大学
藤本鉄石生誕地
岡山県立
岡山操山高校
宇野小学校
岡山市中区役所
402
250
岡山後楽園
岡山城天守

吉野山に建つ招魂碑

如意輪寺《にょいりんじ》は、南北朝時代に後醍醐天皇の勅願所となった寺で、後醍醐天皇陵がある。藤本鉄石招魂碑は、本堂左側にあり、明治十四年（一八八一）、孝明天皇の侍講中沼了三《なかぬまりょうぞう》や、鉄石と親交が深かった村山半牧《むらやまはんぼく》の弟村山善次郎らが建立した。

村山半牧は、越後国三条の画人で、江戸や長崎で修業をしたが、安政二年（一八五五）、京都へ移り、藤本鉄石・山中静逸《やまなかせいいつ》らと親交を深めた。画風や尊王思想において鉄石の影響を強く受け、鉄石の死後は自らも倒幕運動に関わるようになった。慶応四年（一八六八）、越後国村上藩からの追手が半牧に迫り、事態を憂いて自殺した。

天誅組総裁として、幕府を相手に決起し、壮絶な戦死を遂げた鉄石の生き方は、半牧にとって、かなり衝撃的だったに違いなく、その後の生き方を変えることになった。

藤本鉄石招魂碑（如意輪寺／奈良県吉野郡吉野町）

3. 松本奎堂　愛知県刈谷市ほか

松本奎堂肖像画
（刈谷市郷土資料館蔵）

天保二年（一八三一）生まれの刈谷《かりや》藩士で、通称は謙三郎という。三歳で字を書き、四歳で「大学」を暗誦するなど、神童と呼ばれた。伊藤両村《いとうりょうそん》の塾や江戸の昌平坂学問所で研鑽を積み、嘉永六年（一八五三）には、江戸藩邸で教授兼侍講を務めるまでになった。

思い立ったら実行しなければ気が済まない、激しい気性で、昌平坂学問所時代、学友と喧嘩をして退学処分を受けている。その後、復学したものの、このまま学問を続ける現状に疑問を抱き、自ら退学して、尊王攘夷活動に身を投じた。久能山東照宮《くのうさんとうしょうぐう》の廟所前で家康を大声で罵ったり、自主退学の際、詩文掛としての奎堂の給料を心配した友人を殴りつけるなど、なかなか激しい逸話がある。

譜代の刈谷藩士が倒幕運動に走るという、天誅組隊士の中で珍しい経歴であるが、性格・才能ともに刈谷藩では納まりきらない人物だったのだろう。

天誅組で総裁に就任した奎堂は、決起の激文や軍令などの起草作成を手掛け、その大義や理念を後世に残した。

一党の精神的主柱としてあり続けたが、若い時に負傷した左目が見えない上に、長い行軍生活や戦いの中で、徐々に右目の視力も失われていった。元来の気性から、眼が見えず戦えないことに苦痛を感じるようになり、徐々に寡黙になっていった節がある。鷲家口での決死隊全滅の翌日、萩原村の山中に取り残され、紀州藩兵に討たれた。無念な、最期であった。

松本奎堂の生誕地

松本奎堂は、刈谷藩の御用人であり甲州流軍学師範を務めた松本印南《まつもといなみ》の二男である。

肖像画を見ると端正な顔立ちだが、左目が塞がっている。これは、十八歳の時、槍術の稽古試合中に相手の槍が左目に刺さって負傷し失明したことによる。刈谷の独眼竜は、その後、江戸へ出て昌平坂学問所で、他藩の藩士たちと研鑽を積み交流を深める中で、尊王攘夷思想へ傾いていく。

松本奎堂の生誕地碑（愛知県刈谷市司町）

愛知県刈谷市は、トヨタ系企業のビルや工場が多く立ち並ぶ産業都市だが、町中の喧騒を離れ刈谷城址へくると、旧城下町の面影が、ところどころに見られる。屋敷跡に建てられた碑は、高さ四メートル以上もあり、朋友岡鹿門《おかろくもん》による碑文が刻まれている。奎堂の偉大さと、顕彰する刈谷の人々の想いに、誰もが圧倒されるだろう。

刈谷城址に建つ辞世の歌碑

刈谷城址（亀城公園）の本丸跡に、奎堂の辞世の歌碑が建てられている。昭和十八年（一九四三）の建立で、歌人川田順《かわだじゅん》が筆を執っている。

君が為命死にきと世の人に
語りつきてよ峯の松風

失明し、日常の行動にも支障をきたしていた奎堂は、東吉野の山中で紀州藩の残党狩りに遭い、戦うことも出来ずに討たれた。無念ながらも、天誅組の決起が、時勢を変える起爆剤になり、自分の死もまた無駄ではないと、感じていたに違いない。

松本奎堂辞世の歌碑（愛知県刈谷市城町）

故郷に建立された墓

十念寺本堂左手奥の、刈谷藩主土井家廟所前に、松本奎堂の墓がある。愛知県刈谷町（現在の刈谷市）と刈谷士族会（現在の刈谷頌和会《しょうわかい》）が建立したものである。

奎堂とともに天誅組に参加し、決死隊の一員となって戦死した刈谷藩士宍戸弥四郎の墓所は松秀寺（刈谷市銀座）にある。

奎堂の墓所は、この十念寺と、東吉野村湯ノ谷墓地、京都霊山護国神社の三カ所である。

松本奎堂の墓
（十念寺／愛知県刈谷市広小路）

十念寺（愛知県刈谷市広小路）

朋友と造った雙松岡学舎《そうしょうこうがくしゃ》

昌平坂学問所で学んだ奎堂は、その後も活動をともにする朋友を得た。仙台藩士岡鹿門と大村藩士松林飯山《まつばやしはんざん》である。奎堂の後を追うように、昌平坂学問所を自ら退学をした岡鹿門は、各地を遊歴していたが、奎堂と再会を果たし、松林飯山と三人で、文久元年（一八六一）十二月、大坂に塾を開いた。三人の名前の一字をそれぞれ取って「雙松岡学舎」と名付けている。多くの志士たちが来訪し、奎堂らは国事を論じ気炎を上げていたが、幕府役人の警戒するところとなり、僅か半年で閉鎖させられた。

場所は、眼の前を安治川が流れる、堂島田蓑《どうじまたみの》橋《ばし》北詰で、当時は眺望絶佳な場所であったという。

雙松岡学舎跡
（大阪市福島区福島／大阪中之島合同庁舎横）

4. 中山忠光の終焉地　山口県下関市

中山忠光は、弘化二年（一八四五）、中山忠能の第五男として生まれた。姉の中山慶子が孝明天皇に侍し、嘉永六年に皇子祐宮《さちのみや》（明治天皇）が誕生しており、忠光は明治天皇の叔父になる。祐宮は五歳まで中山家で養育され、忠光は遊び相手としてともに過ごした。

安政五年から侍従に任じられて宮中へ出仕したが、公家のイメージとかけ離れたやんちゃな人物だったようで、衣冠のまま川を渡ったり、宮中で相撲をとり、あまりの勢いに人の衣冠を破いたなどの話がある。武市瑞山や久坂玄瑞、吉村虎太郎ら多くの志士たちと親交を深めていった忠光は、文久三年三月には無断で家を飛び出し長州へ走った。下関での外国船砲撃に参加し、久留米藩に掛けあって投獄中の真木和泉を救出するなどしており、その行動力と家柄を背景にしたパワーに、志士たちは傾倒していった。

十九歳の若さで天誅組主将として仰がれ、五條から十津川郷へと転戦し敗走する中、どんなに苦しくても弱音ひとつ洩らさず、黙って耐え忍ぶ姿は、かつて南北朝時代に、吉野へ拠って倒幕の戦いを続けた、後醍醐天皇の皇子、大塔宮護良親王を彷彿とさせたという。

六名の隊士に守られ、九月二十七日に大坂長州藩邸へ逃げ込むことに成功した忠光は、彼らとともに長州藩へ逃れた。長府藩に匿われていたが、元治元年、長州藩は禁門の変で破れ、幕府に恭順する俗論党が藩政を握ると、尊王攘夷派志士たちの粛清が行われ、忠光の身にも危険が迫ってきた。刺客の目を眩ませるため、隠れ家を転々としていたが、十一月、田耕村で暗殺された。享年二十。早すぎる死であった。

中山邸跡、明治天皇生誕地
（京都市上京区京都御苑）

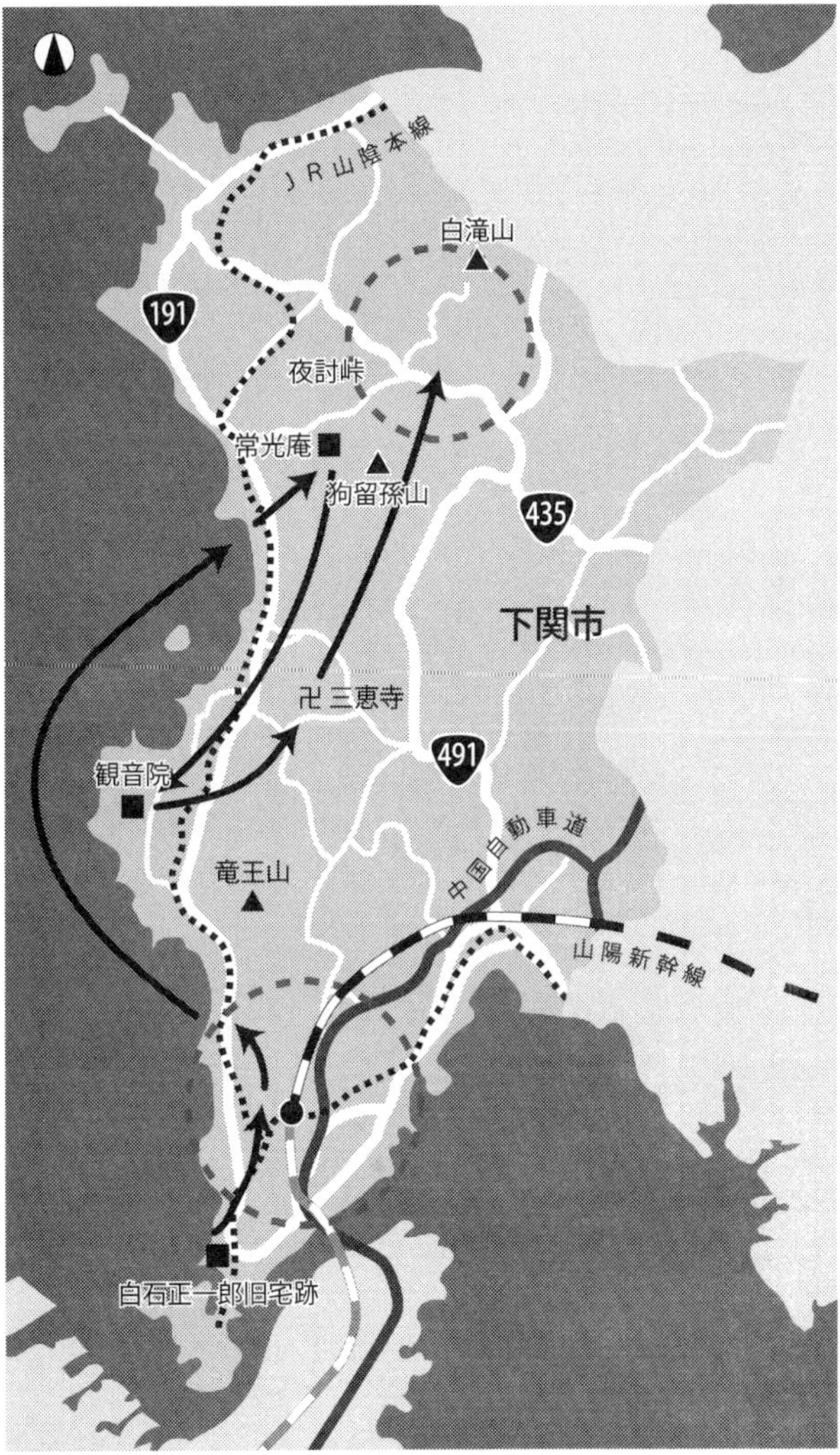
ＪＲ山陰本線
白滝山
191
夜討峠
常光庵
狗留孫山
435
下関市
卍三恵寺
491
観音院
中国自動車道
竜王山
山陽新幹線
白石正一郎旧宅跡

中山忠光の逃避ルート

恩地トミと暮らした延行《のべゆき》の地

新下関駅から自動車で五分もいけば、下関球場が見えてくる。この南側に、忠光隠棲の地がある。木々に囲まれた小さな土地に建てられた「中山忠光朝臣隠棲の地」碑は想像以上の大きさだが、訪れる人もないのか草木が伸び、荒れているのが余計に寂しさを誘う。

白石正一郎邸から始まり、既に数カ所を転居させられていた忠光は、人目を忍ぶ隠棲生活に嫌気がさし、何度も抜け出して志士たちとの合流を図ろうとした。長府藩では元治元年（一八六四）一月、延行に新居を建て、恩地《おんち》トミという女性を忠光の傍に置き、気が紛れるように取り計らった。この時点では、奇兵隊や、天誅組の生き残り隊士たちが出入りし、彼らと時勢を語り合うこともあったようだ。しかし、約半年後の七月になると、長州藩は大挙上洛し、禁門の変で敗退する。悪くなる情勢に、ここでは危険と判断され、居場所を移すことになる。

延行潜居跡に建つ中山忠光隠棲の地碑（下関市延行）

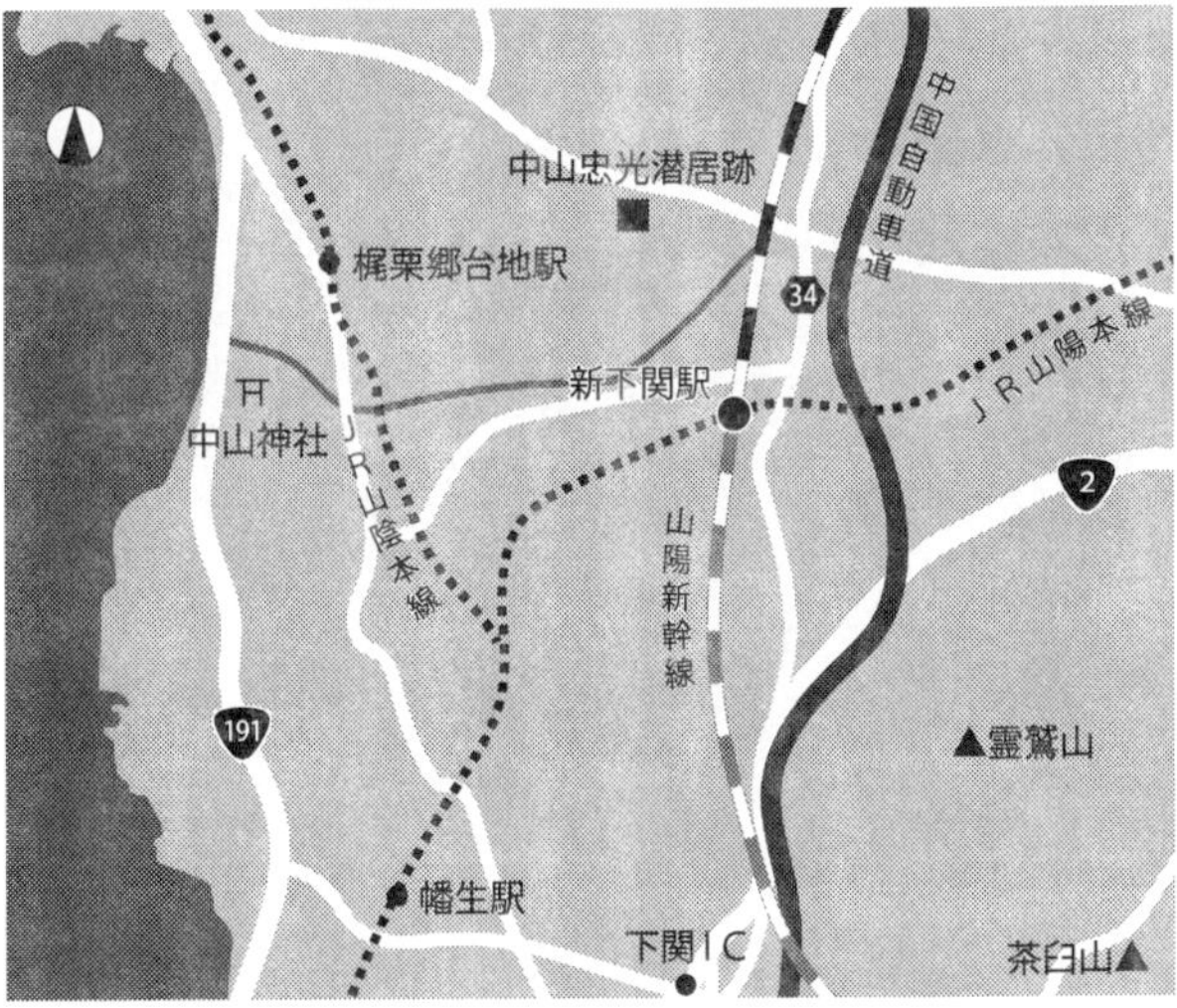

常光庵を飛び出し、連れ戻される

延行を出て以後、忠光の潜伏地は場所を変えるごとに人里を離れていく。宇賀《うが》村上畑《かみはた》の常光庵《じょうこうあん》に入った忠光は、約一カ月を過ごした。しかもこの時、恩地トミは懐妊しており、トミの母とせが一緒にいたという。隣家の弘中源次郎と親しく付き合いしながら、一旦は、落ち着いた日々を送った。

しかし、禁門の変での長州藩敗退や四カ国連合艦隊の下関襲撃の知らせを聞くと、飛び出して下関へ向かった。すぐに護衛の国司直記《くにしなおき》らに説得され連れ戻されたが、まだ二十歳の若者である。自分だけが先の見えない潜伏生活を強いられることは、耐えがたい状況であったに違いない。常光庵を離れて一旦、大河内の庄屋山本家や黒井の道源《どうげん》家などに入るが、この間、身辺を探る人物が現れ、慌ただしい移転を余儀なくされた。忠光の乳母を名乗る不審な女性が訪ねてきたこともあり、追手は、あらゆる手段で接近を試みていたようだ。

常光庵
（下関市豊北町北宇賀上畑）

常光庵に建つ中山忠光隠棲の地碑
（下関市豊北町北宇賀上畑）

三恵寺《さんねじ》の庫裏に隠れる

豊浦町川棚は温泉地で、多くの旅館が立ち並ぶ。建築家隈研吾氏の手による、モダンな川棚交流センターの現代建築が美しい。

県道二六一号を進み長谷池手前から山中へ入ると、温泉街の賑やかさとは隔絶された山寺が現れる。危険が迫ってきたために、急きょ潜伏した三恵寺である。

常光庵を出てから、国司直記らは、じわじわと迫る危険から忠光を守るために、かなり苦心したようだ。隠れ潜んだ庫裏の天井裏が残されており、外を垣間見る小窓がついている。参拝者の多さに長期潜伏は出来ず、数日間のみで、室津《むろつ》の観音院へ移った。

三恵寺の山門（下関市豊浦町川棚）

さらに人里を離れ、四恩寺《しおんじ》へ

忠光と護衛の一行は、室津から転々とし、八月二十日頃、田耕《たすき》村の百姓家、大田新右衛門宅へ入った。大田家に滞在している間、四恩寺の庫裏改修がなされた。四恩寺は、大田家から更に奥地で、忠光の新たな住いとして用意された。しかし、改修された部屋は、三畳一間で四方が格子作という、あたかも牢屋で、忠光はそこへ入るのを拒み、近くの百姓家、大林萬次郎宅へ移った。

国道四三五号から白滝山《しろたきやま》へ向かう道へ入り、田耕神社をへて杣地川沿いに進むと、民家もまばらになり、休耕田が多く目につく。進むにつれてじわじわと迫る両側の尾根の風景が、いかにも追い詰められていく状況に重なってくる。

四恩寺へ通じる道は、途中から未舗装の車幅一台分の悪路になる。明治八年（一八七五）に廃寺となっており、建物はなく、石垣のみが往時の寺の壮大さを感じさせるが、昼間でも薄暗く、石段脇の杉の巨木が聳え立つさまは、怖ろしいほどである。四恩寺手前の道路下にある一軒家が大林家で、現在は無住になっている。

四恩寺跡の中山忠光卿故蹟の碑（下関市豊北町田耕）

大林萬次郎邸（下関市豊北町田耕）

大田家から連れ出され、殺害される

九月下旬から十一月初めまで、大林家で日を送ったが、長州藩内は、幕府に降伏する恭順派で占められていた。十一月五日には刺客らしき人物が田耕へ来たようで、再び大田家へ居場所を変えた。しかし、八日の夜中、田耕村の庄屋山田幸八が「危険が迫ってきた為、四恩寺へ移動する」と言って、忠光ひとりを連れ出した。忠光にとっては、またかという思いだけだったに違いない。何の疑いもなく幸八に付いて川沿いを歩いていたところ、途中で待ち構えていた刺客たちに突然襲われ、絞殺された。

忠光の血がついたという、血染めの岩が現地に残されている。あまりの出来事に、地元の人々は祠を建てて祀った。今の本宮中山神社である。時勢が好転するまで、我慢を重ねたあげくの無念の結末であった。

忠光暗殺の場所に建立された碑
（本宮中山神社／下関市豊北町田耕）

本宮中山神社（下関市豊北町田耕）

遺体が埋められた夜討垰《ようちがたお》

遺体は刺客たちによって長櫃へ納められ、夜討垰へ埋められた。しかし発見される危険性が高いということで再び掘り起こされ、綾羅木《あやらぎ》の海岸へ運ばれた。埋められた場所は、のちに地元の人々によって供養が行われ、大正三年（一九一四）に「故侍従中山忠光古蹟」の碑が建てられた。

県道二七〇号線沿いに峠への案内板があり、民家の裏山を五〇〇メートルほど登ると、鬱蒼とした尾根道にぽつんと碑が見えてくる。孝明天皇の義弟で、藤原北家花山院流を受け継ぐ中山家の若者の末路としては、あまりに哀れを誘う風景である。

夜討垰への入り口（下関市豊北町田耕）

遺体が埋められた場所に建てられた碑
（下関市豊北町田耕）

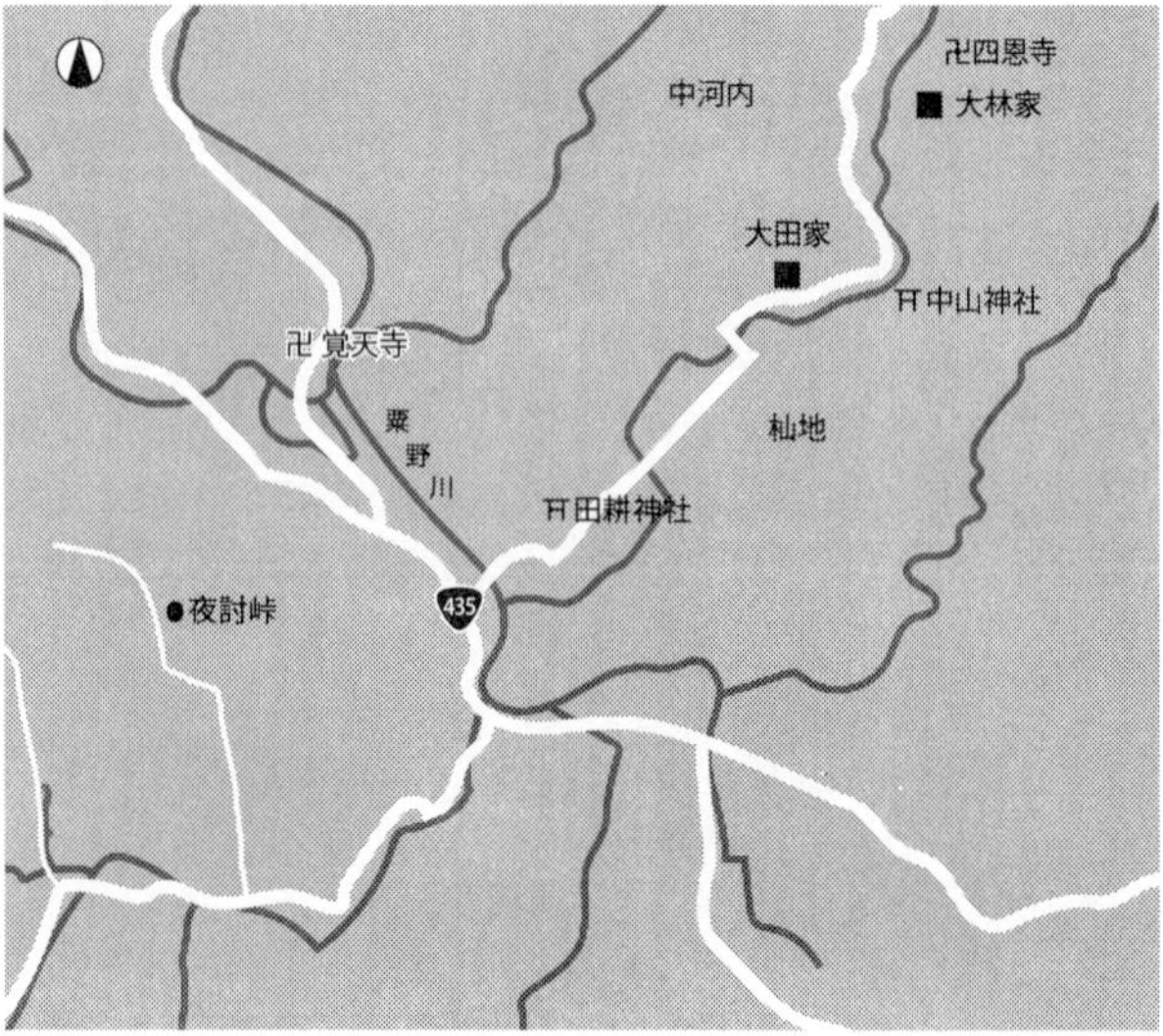
卍四恩寺
中河内
大林家
大田家
中山神社
卍覚天寺
粟
野
川
杣地
田耕神社
夜討峠
435

事件後の田耕村の人々

庄屋山田幸八は、忠光が田耕へ来た時から身辺の御用を務めてきたが、刺客たちに命令され、忠光を大田家から連れ出し、あらかじめ決められた殺害現場まで案内する役目を負わされた。妻シカの後日談によると、遺体を納めた長櫃が山田家へ運び込まれたときに、不審に思って尋ねると、幸八は蒼白な顔で「馬鹿、国が滅びるぞ」とだけ言い、その翌日から、食事もとらず床に入ったきりで、一切人に会わなかったという。田耕村には厳重な箝口令が布かれ、忠光のことは公然の秘密となった。

忠光の来訪がなければ、村も山田家も平穏な暮らしを続けていただろう。この地の人々は、当時、忠光の素性を知らなかったにも拘らず、それぞれの自宅へ招き入れ、鬱々としがちになる若者の気分を日々慰めた。その後、ほとぼりが冷めると、慰霊と顕彰をし、ひっそりと後世へ伝えてきた。そんな人々の暖かさは、今も田耕を訪れると、ひしひしと伝わってくる。

綾羅木に創建された中山神社

刺客たちは、田耕から運んできた遺体を綾羅木の海岸に埋めた。のち、発見されて墓碑が建てられ、慶応元年（一八六五）、忠光を祀る中山神社が建立された。初代宮司は、護衛役を務めていた国司直記である。

境内摂社には愛新覚羅溥傑《あいしんかくらふけつ》、溥傑に嫁いだ忠光の曾孫浩《ひろ》、浩の娘慧生《えいせい》が祀られている。

中山神社（下関市綾羅木本町）

中山忠光の墓（中山神社／下関市綾羅木本町）

志士の聖地、霊明神社《れいめいじんじゃ》と霊山墓地

坂本龍馬や中岡慎太郎ら幕末維新殉難志士たちが祀られている神社。文化六年（一八〇九）、神主村《むら》上都愷《かみくにやす》が創建し、文政三年（一八二〇）、二世神主村上美平《むらかみよしひら》が神祇管領吉田家の「永代神葬式許状」を得る。その後、三世神主村上都平《むらかみくにひら》の手により、文久二年（一八六二）十一月十八日に、清末藩士船越清蔵の招魂祭が施行されて以後、安政の大獄殉難志士たちの慰霊祭、池田屋事件殉難志士の埋葬、坂本龍馬・中岡慎太郎の神葬祭など、数多くの殉難志士達の神道葬祭、墓地建立が行われてきた。

長州藩をはじめ各藩は、霊明神社の末社として招魂社を建立し、それらは、明治元年（一八六八）、

霊明神社（京都市東山区清閑寺霊山町）

太政官布告により京都招魂社となり、明治八年には東京招魂社（明治十二年に靖国神社と改称す）に合祀された。

村上家が私財を擲って建立してきた墓域は明治十年、明治政府に公収され官修墳墓となり、昭和十四年（一九三九）、京都霊山護国神社がたてられた。今、多くの人がお参りをする霊山護国神社の志士たちの墓は、元々は、靈明神社村上家が志士たちとともに建立し、祭祀を執り行ってきたのである。

霊山歴史館の裏を通って桝屋町へ下る坂道を「國阿坂」といい、幕末、志士たちは頻繁に往来した。靈明神社は、彼らの心の拠り所であり、「靈山の村上にて皇国の手振りして葬らることを如何に楽しとせし事ぞ」と、この地に葬られ、神霊として祀られることを名誉と感じていたのである。

天誅組志士墓所跡を示す碑

國阿坂

天誅組隊士達の墓もまた、明治元年、國阿坂南側墓地に建立された。しかしそれらは、昭和四十年（一九六五）、霊山護国神社墓域へ改葬され、坂本龍馬の墓へ登る石段途中左手に並べられている。志士達の神霊は、靈明神社に合祀されており、現在も、幕末殉難志士慰霊祭が取り行われている。志士たちの墓所へ詣でた後は、彼らを守ってきた靈明神社へも、お参りして頂きたい。

昭和 30 年代、二年坂にあった道標。
正法寺と國阿坂南側の天誅組志士墓所への道を示す。墓が霊山護国神社へ移設されたことに伴い、道標も移され、現在は翠紅館山門前にある（霊明神社提供）

昭和 30 年代の、國阿坂南側、天誅組志士墓所の入口（光縁寺提供）

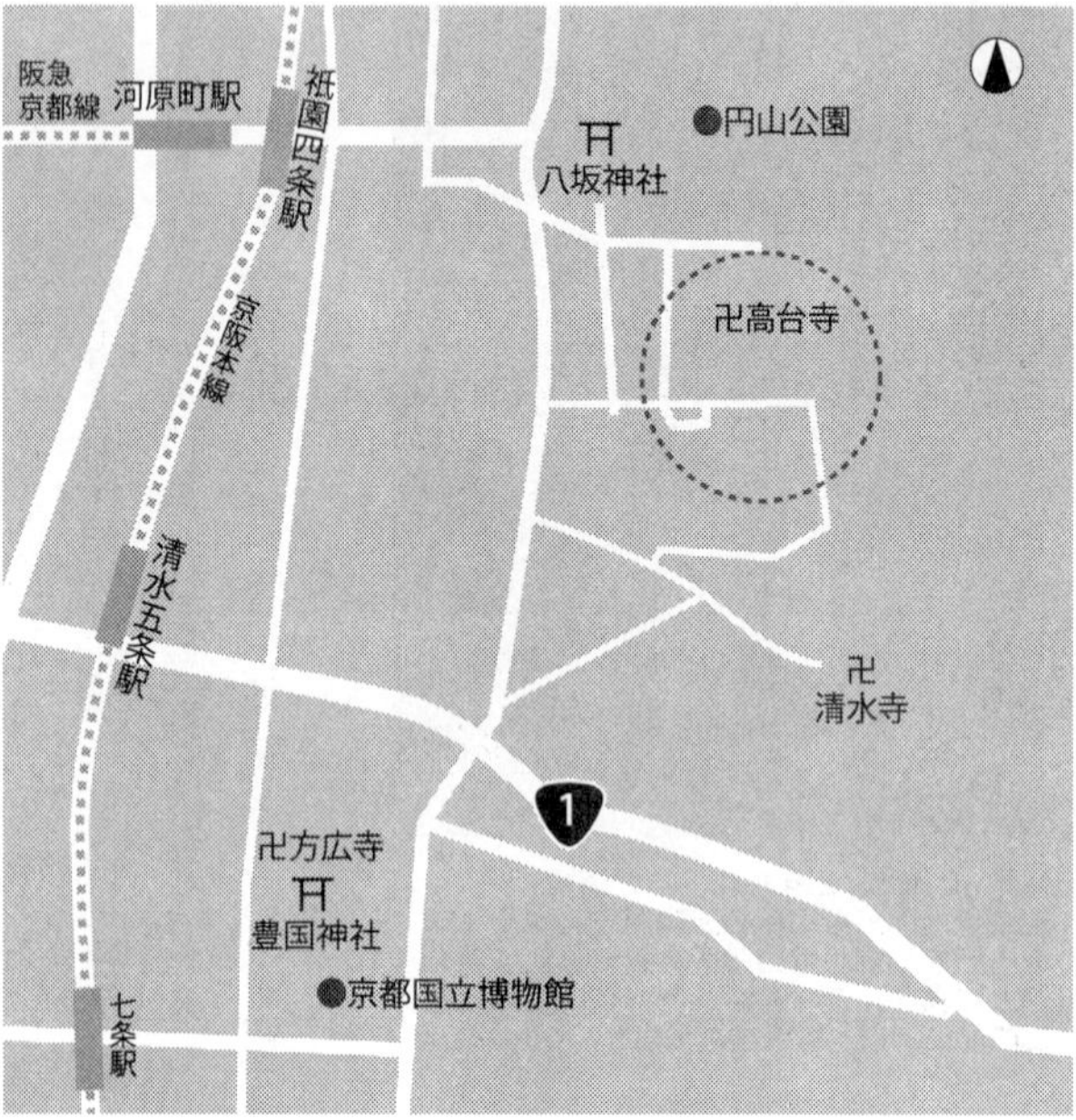
阪急
京都線
河原町駅
祇園四条駅
京阪本線
清水五条駅
七条駅
八坂神社
円山公園
高台寺
清水寺
1
方広寺
豊国神社
京都国立博物館

高台寺
霊山護国神社
霊明神社
國阿坂
天誅組志士の
旧墓所

昭和 30 年代の、天誅組志士墓所の全景（光縁寺提供）

同所のうち、土佐出身隊士たちの招魂碑（光縁寺提供）

あとがき

天誅組の経過や人物たちを知ってはいても、その足跡を訪ねるとなると苦労することが多い。奥吉野を中心に、広範囲にわたる行程に点在する史跡は、自治体によってはパンフレットがあるが、現地に案内板がない箇所も多々ある。二十数年前から、漠然とした情報だけを頼りに現地を訪ね歩いてきた中で、史跡案内の本の必要性を痛感してきた。歴史ファンの中には、行く先々で、場所が分からなくて人に訊ねたり、社寺に立ち寄って話を聞いたりすることが、不得手な人もおられると思う。どこに何があるのか、事前に現地へ問い合わせをし、パンフレットや地図を送ってもらう、そういう手間を煩わしく感じるかたもおられるだろう。

本書は、そういうかたがたの手助けになり、多くのかたに、彼らが、志を掲げて戦い続けた地を訪ねて頂くことを願って書いた。

特に、吉野地方は、奈良県の中でも最も魅力的な土地である。修験道の聖地であり根本道場である大峰奥駈道、世界遺産の「紀伊山地の霊場と参詣道」の山々は、私たちを魅了する。天皇の吉野・

熊野・高野山への行幸や、時の権力者たちの吉野の花見や参詣だけでなく、古くは神武天皇が熊野から、吉野を通って大和へ入り、また、大海人皇子、南北朝の動乱の中で都落ちしてきた天皇、南朝の系統を受け継ぐ後南朝、源頼朝に追われた義経など、中央政権に追われ反旗を翻すものたちが、常に頼りにし、落ち延びてきた地である。

天誅組の時代も、奥吉野の人々は彼らを温かく迎え入れ、支援した。そこに打算も損得もない。連綿と続いてきた歴史とともに、人々の心は繋がっていることを、感じさせてくれる。

隊士たちが辿った道を巡り、同じ風景を見て、現場で体感することは、彼らと、その土地に住む人々の心中に、寄り添っていくことにほかならない。

二〇一八年は、明治維新一五〇年を迎える。幕末維新の関心が高まる中、重要な布石となった天誅組の存在が、ますます広がることを祈念する。

二〇一七年　十一月

舟久保　藍

舟久保　藍（ふなくぼ　あい）

昭和47年生まれ。奈良県在住。歴史研究家。

主な著書に、

『実録天誅組の変』（淡交社 2013 年）、

『シリーズ藩物語刈谷藩』（現代書館 2016 年）、

『真田丸を歩く』（現代書館 2015 年、共著）など。

天誅組研究で、

第 2 回奈良日賞受賞（奈良日日新聞社 2013 年）。

京阪奈新書

天誅組ーその道を巡るー

2017 年 12 月 18 日発行　初版第一刷発行

著　　者：舟久保　藍

発 行 者：住田　幸一

発 行 所：京阪奈情報教育出版株式会社

〒 630-8325

奈良市西木辻町 139 番地の 6

URL://narahon.com/　Tel:0742-94-4567

印　　刷：共同プリント株式会社

ISBN978-4-87806-751-8

京阪奈新書創刊の辞

情報伝達に果たす書物の役割が著わしく低下しつつある中、短時間で必要な知識や情報の得られる新書は、多忙な現代人のニーズを満たす活字文化として、書店の一画で異例の繁栄を極めている。

かつて、活字文化はすなわち紙と印刷の文化でもあった。それは、人々が書物への敬意を忘れなかった時代でもあり、読書を愛する者は、知の深淵へと降りていく喜びと興奮に胸を震わせ、嬉嬉としてページを繰ったのだった。

日本で初めて新書を創刊した出版界の先達は新書創刊の目標として、豊かな人間性に基づく文化の創出を揚げているが、活字文化華やかしころの各社の新書の中からは、文化を創出する熱い志（こころざし）に溢れた古典的名著が数多く生まれ、今も版を重ねている。

デジタル時代の今日、題名の面白さに凝ったおびただしい数の新書が、入れ代わり立ち代わり書店に並ぶが、昨今の新書ブームには、アナログ時代の新書にはあった大切なものが欠落してはいないだろうか。

ともあれ、このたび我が社でも新書シリーズを創刊する運びとなった。

高邁（こうまい）な理想を創刊理念として掲げ、実際に人生や学問の指標となる名著が次々と生まれた時代への熱い思いはあるが、適度な軽さもまた、デジタル時代のニーズとしてとらえていくべきだろう。

とにもかくにも、奈良にどっしりと腰を据えて、奈良発の『知の喜び』を形にしてゆきたい。

平成二十九年　晩秋

京阪奈情報教育出版株式会社